Análise de viabilidade de projetos

PUBLICAÇÕES
FGV Management

GERENCIAMENTO DE PROJETOS

Análise de viabilidade de projetos

Alivinio Almeida
Carlos Alberto Di Agustini

FGV EDITORA IDE

Direitos desta edição reservados à
FGV EDITORA
Rua Jornalista Orlando Dantas, 9
22231-010 | Rio de Janeiro, RJ | Brasil
Tel.: 21-3799-4427
editora@fgv.br | www.editora.fgv.br

Impresso no Brasil / *Printed in Brazil*

1ª edição: 2020

Preparação de originais: Sandra Frank
Editoração eletrônica: Abreu's System
Revisão: Michele Mitie Sudoh
Capa: aspecto:design

Dados internacionais de Catalogação na Publicação
Ficha catalográfica elaborada pelo Sistema de Bibliotecas/FGV

Almeida, Alivinio de
Análise de viabilidade de projetos / Alivinio Almeida e Carlos Alberto Di Agustini. – Rio de Janeiro : FGV Editora, 2020.
164 p.

Publicações FGV Management.
Área: Gerenciamento de projetos.
Inclui bibliografia.
ISBN: 978-65-5652-137-4

1. Administração de projetos. 2. Estudos de viabilidade. I. Di Agustini, Carlos Alberto. II. Fundação Getulio Vargas. III. FGV Management. IV. Título.

CDD – 658.404

Elaborada por Amanda Maria Medeiros López Ares – CRB-7/1652

Aos nossos estudantes, colegas docentes
e demais pessoas que nos inspiram a
avançar no conhecimento.

Sumário

Apresentação

Este livro compõe as Publicações FGV Management, programa de educação continuada da Fundação Getulio Vargas (FGV).

A FGV é uma instituição de direito privado, com mais de meio século de existência, gerando conhecimento por meio da pesquisa, transmitindo informações e formando habilidades por meio da educação, prestando assistência técnica às organizações e contribuindo para um Brasil sustentável e competitivo no cenário internacional.

A estrutura acadêmica da FGV é composta por escolas e institutos, todos com a marca FGV, trabalhando com a mesma filosofia: gerar e disseminar o conhecimento pelo país.

Dentro de suas áreas específicas de conhecimento, cada escola é responsável pela criação e elaboração dos cursos oferecidos pelo Instituto de Desenvolvimento Educacional (IDE), criado em 2003 com o objetivo de coordenar e gerenciar uma rede de distribuição única para os produtos e serviços educacionais da FGV.

Este livro representa mais um esforço da FGV em socializar seu aprendizado e suas conquistas. Foi escrito por professores da FGV, profissionais de reconhecida competência acadêmica e prática, o que torna possível atender às demandas do mercado, tendo como suporte sólida fundamentação teórica.

A FGV espera, com mais essa iniciativa, oferecer a estudantes, gestores, técnicos e a todos aqueles que têm internalizado o conceito de educação continuada, tão relevante na era do conhecimento na qual se vive, insumos que, agregados às suas práticas, possam contribuir para sua especialização, atualização e aperfeiçoamento.

Rubens Mario Alberto Wachholz
Diretor Geral do Instituto de Desenvolvimento Educacional

Sylvia Constant Vergara
Coordenadora das Publicações FGV Management

Introdução

O processo de análise de viabilidade de projetos (AVP) requer conhecimentos prévios por parte das pessoas envolvidas e do tomador de decisão sobre sua implantação. Esses saberes são de natureza multidisciplinar, por meio da interação entre diferentes áreas do conhecimento.

Dada a importância dessa discussão, o objetivo deste livro é apresentar ao leitor os aspectos relacionados à AVP. De forma geral, pretende esclarecer os conceitos, regras, procedimentos e considerações relevantes nessa análise.

O presente livro está estruturado, a partir desta introdução, em seis capítulos relacionados à AVP. No capítulo 1, apresentamos ao leitor os fundamentos que sustentam e orientam a referida análise. No capítulo 2, abordamos os aspectos que relacionam tempo e dinheiro. No capítulo 3, discutimos a influência da origem dos capitais sobre a AVP. No capítulo 4, por sua vez, abordamos as questões relacionadas às dimensões do retorno de um investimento. No capítulo 5, tratamos dos indicadores de mérito, do processo decisório e do risco na AVP. Finalmente, no capítulo 6, apresentamos os aspectos socioambientais que devem ser considerados na AVP. Na sequência, oferecemos ao leitor as nossas conclusões sobre os aspectos tratados no livro. Tenha uma excelente leitura!

1
Fundamentos da análise de viabilidade de projetos (AVP)

Neste capítulo, convidamos o leitor a conhecer os aspectos fundamentais que suportam e orientam a análise de viabilidade de projetos (AVP). A seguir, o leitor poderá ter contato com esses princípios.

Custo de oportunidade

De maneira geral, a AVP envolve interpretações de alguns aspectos principais, tais como: investimento, horizonte temporal, custo de oportunidade, taxa mínima de atratividade, incerteza e risco. A figura 1 ilustra a relação entre eles. De um lado, apresenta os aspectos financeiros relacionados aos capitais envolvidos no projeto, tais como tipos, valores, custo de oportunidade, taxa mínima de atratividade e retorno desejado. De outro, apresenta os aspectos inerentes à relação temporal do projeto, tais como a relação entre futuro projetado e presente decidido

Em relação ao custo de oportunidade, para fins de AVP, o leitor não deve confundi-lo com "custo" em sua definição contábil. Em contabilidade, custo é o consumo de um bem ou serviço atribuído ao produto/serviço de uma empresa que, direta ou indiretamente, tem como finalidade produzir receita.

Figura 1
Dimensões e conceitos associados ao investimento de capitais

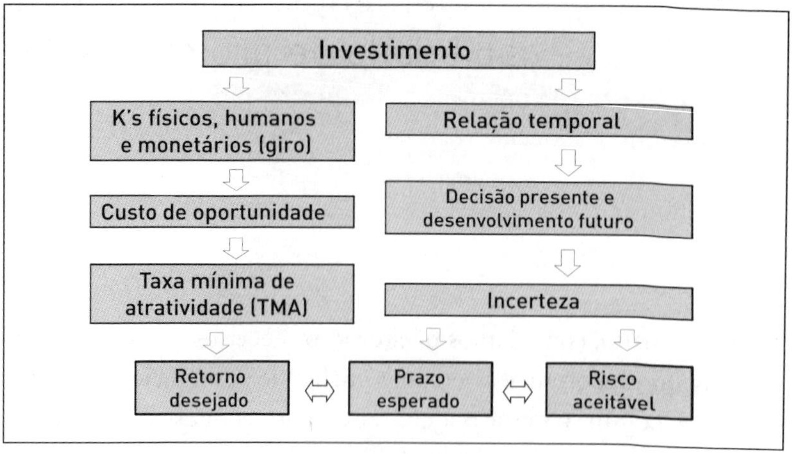

Horngren (1985:37) define custo de oportunidade como

> a contribuição máxima disponível de que se abre mão utilizando-se recursos limitados para um determinado fim. Representa uma alternativa abandonada, de modo que o custo é diferente do tipo comumente encontrado de custo no sentido de não ser o custo de desembolso normalmente encontrado e discutido pelos contadores e administradores. Um custo de desembolso implica, mais cedo ou mais tarde, um dispêndio de caixa; isto é, a ideia de custo de desembolso serve de base para as avaliações típicas de ativo baseadas em custo histórico.

Enquanto um custo contábil implica, obrigatoriamente, um desembolso de recursos, presente ou futuro, o custo de oportunidade se relaciona com possíveis desembolsos ou embolsos nos quais a empresa poderia incorrer caso se decidisse por determinado projeto, sejam tais projetos mutuamente excludentes ou não. Embora o custo de oportunidade, muitas vezes, seja heurístico e de concepção simples, sua aplicação em decisões ligadas à viabilidade de projetos requer alguns cuidados especiais, pois proporciona respostas a questões do tipo:

- Quanto custa optar por determinado projeto?
- Quando se decide realizar um projeto, qual o custo da alternativa abandonada?
- Qual o custo, em termos de ganho abandonado, do projeto não executado?

Assim, custo de oportunidade não tem nenhuma correlação com custo contábil. Pode ser enquadrado na categoria conceitual econômica, que representa a quantidade de recursos de que se está disposto a abrir mão em detrimento de outra alternativa disponível. Assim, custo de oportunidade é uma alternativa abandonada; não aparece em demonstrativos contábeis e gerenciais, mas figura de forma muito clara no processo decisório de análise de viabilidade de projetos.

Tomemos como exemplo uma empresa que possui uma área numa avenida comercial. Essa área foi adquirida visando a futuras instalações da administração central, que está analisando a viabilidade de investir em dois projetos mutuamente excludentes:

- Primeiro projeto: construir o edifício da administração central, ocupar o prédio com as áreas-chave da empresa, que atualmente encontram-se dispersas em várias unidades. A administração nesse local proporcionará à empresa maior agilidade na tomada de decisões, maior facilidade de reunir os executivos, diminuição de despesas com viagens e estada sem hotéis, liberação de áreas nas unidades para outros fins etc. Considerando todos os benefícios e gastos mensuráveis, essa alternativa implica despesas futuras esperadas de

R$ 153.200,00 por ano e benefícios futuros esperados de R$ 192.000,00 anuais.

- Segundo projeto: não construir o edifício da administração central e alugar o espaço a uma empresa especializada em gerenciar estacionamento para automóveis. Com o estacionamento, a empresa obterá uma receita líquida futura anual de R$ 54.000,00 (livre de impostos).

Deve ser considerado também que a empresa pode ter inúmeras alternativas possíveis para uso desse espaço, por exemplo, vender e aplicar o dinheiro em ativos financeiros. Avaliando os dois projetos mutuamente excludentes apresentados, o segundo (não construir o edifício da administração central e alugar o espaço a uma empresa especializada em gerenciar estacionamento para automóveis) oferece maior contribuição em termos de resultado líquido. Assim, os dois projetos podem ser avaliados com um enfoque de custo de oportunidade, como demonstrado na tabela 1.

Os números mostram claramente que é mais vantajoso para a empresa alugar a área para fins de estacionamento (R$ 54.000,00 de receita anual do estacionamento, contra R$ 38.800,00 de ganho com a construção do edifício da administração central). Entretanto, a diferença pela ótica de custo de oportunidade é de R$ 15.200,00, também conforme a tabela 1.

Tabela 1

Ganho (R$), considerando custo de oportunidade

	1º projeto	**2º projeto**
Receita anual esperada	192.000,00	54.000,00
(-) Despesas anuais	(153.200,00)	-
(-) Custo de oportunidade (*)	-	(38.800,00)
(=) Contribuição para o lucro	-	15.200,00

(*) Ganho que a empresa deixa de obter com a construção do prédio ao optar pelo aluguel da área para estacionamento.

Observa-se que, contabilmente, a empresa registrará receita anual de R$ 54.000,00 com o segundo projeto. Todavia, pelo custo de oportunidade, a contribuição para o lucro será de R$ 15.200,00 por ano. O custo de oportunidade não é incorporado aos sistemas e relatórios formais do projeto, sejam contábeis ou gerenciais. Esse custo representa o lucro que deixou de ser obtido quando o primeiro projeto foi rejeitado.

O conceito de custo de oportunidade pressupõe a existência de dois ou mais projetos viáveis, em que a opção por um projeto implica abandono do(s) projeto(s) não selecionado(s). Logo, o custo de oportunidade do projeto escolhido é o custo do projeto abandonado. Outro pressuposto para construir o modelo para determinar a viabilidade do projeto é que os dados e informações tangíveis de investimento – gastos, custos, despesas e receitas – devem ser coletados em regime de caixa, conforme o leitor pode acompanhar na próxima seção.

Regime de caixa e regime de competência

O processo de AVP deve ser ancorado no regime de caixa, distinto do regime de competência.

Horngren (1985:53) assim define regime de caixa:

> O processo de determinação do lucro e da posição financeira está relacionado com o regime de competência, distinto do regime de caixa. No regime de competência, o impacto dos acontecimentos sobre o ativo e o passivo é reconhecido nos exercícios em que os serviços são prestados ou utilizados, e não quando se recebe ou se paga. Quer dizer, a receita é reconhecida quando obtida e as despesas são reconhecidas quando nelas se incorre, e não quando se paga ou recebe em dinheiro histórico.

Os processos de apuração de resultado contábil (lucro ou prejuízo) e de posições patrimoniais (ativos e passivos) estão ligados ao regime de competência, no qual o impacto dos acontecimentos sobre o ativo, o passivo e o resultado é reconhecido nos períodos em que os respectivos fatos geradores ocorrem, e não quando se recebe ou paga (fluxo de dinheiro). O regime de competência está associado ao princípio contábil da competência dos exercícios. Pela competência, a folha de pagamento dos funcionários do mês de maio será uma despesa do mês de maio, mesmo que o efetivo pagamento só seja realizado em junho. A despesa é incorrida quando o serviço é prestado pelos funcionários em maio, e não quando do seu efetivo pagamento em junho (desembolso dos recursos).

O regime de caixa oferece base para decisões sobre:

- análise de viabilidade de projetos de investimentos;
- seleção de alternativas de financiamento; e
- planejamento do fluxo financeiro de pagamentos e recebimentos (fluxo de caixa).

Os dados e informações tangíveis de investimento – gastos, custos, despesas e receitas – em regime de caixa devem ser expressos e construídos segundo a lógica do diagrama de fluxo de caixa. Para melhor entendimento, leitor, esse elemento está descrito a seguir.

Diagrama de fluxo de caixa

O diagrama de fluxo de caixa é uma ferramenta didática para apoio, demonstrando os movimentos de investimentos, aquisições, empréstimos etc. realizados em regime de caixa num determinado período no projeto.

Por meio de diagrama de fluxo de caixa é possível identificar quais foram as entradas e respectivas saídas de recursos ($) no projeto. Outra aplicação fundamental para o diagrama de fluxo de caixa é orientar o uso e a solução de problemas de análise de viabilidade econômica e financeira de projetos com o auxílio de calculadoras financeiras e softwares/aplicativos de apoio nos processos decisórios.

O diagrama de fluxo de caixa consiste em estabelecer uma linha do tempo, pautada em dia, mês, ano etc., dependendo da periodicidade dos recebimentos e pagamentos (em regime de caixa), e apor ou sinalizar com uma seta para cima os recebimentos (entradas de caixa – $), e com uma seta para baixo os pagamentos (saídas de caixa – $).

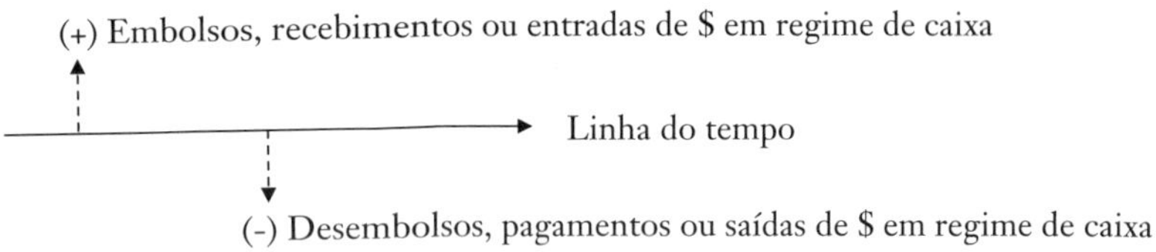

O diagrama de fluxo de caixa do projeto é elaborado a partir dos dados obtidos com gastos (investimentos, custos e despesas) e receitas. A partir da coleta desses dados, o gestor terá o fluxo de caixa do projeto antes do imposto de renda/contribuição social, ou seja, o resultado bruto, sem considerar possíveis encargos financeiros que poderão ocorrer no desenvolvimento do projeto.

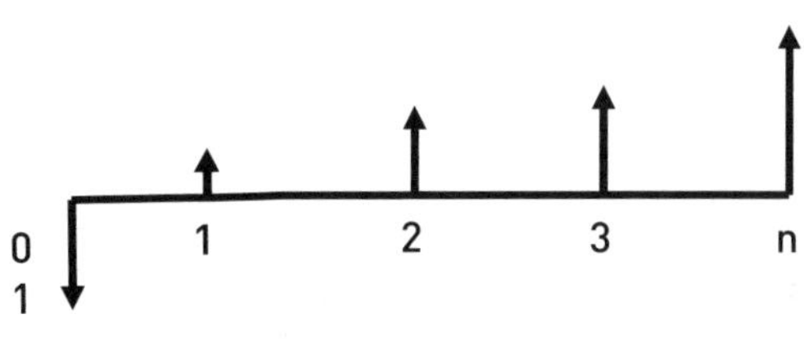

Vale ressaltar que o diagrama pode revelar um fluxo de caixa convencional, com desembolso no período zero e caixas positivos nos demais períodos, conforme ilustra o diagrama a seguir:

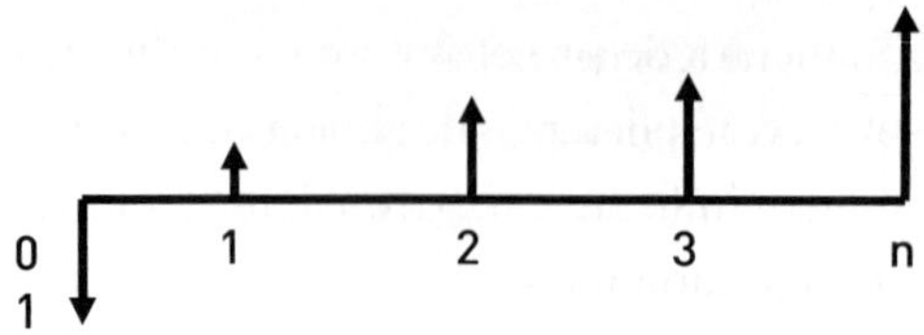

Igualmente, o diagrama pode ilustrar fluxos de caixa não convencionais, onde os resultados dos períodos, a partir do período inicial, podem se alternar entre positivos e negativos, conforme apresentado a seguir:

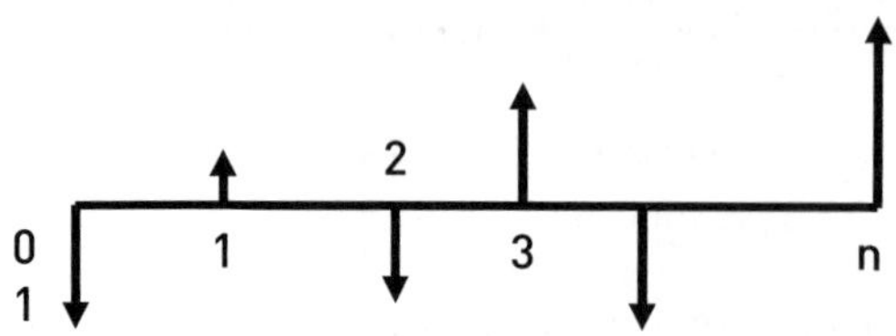

Após compreender o diagrama do fluxo de caixa é imprescindível discutir o papel da taxa de juro na AVP. Assim, apresentaremos os principais argumentos sobre ela na próxima seção.

Juro

A variável juro está presente em quase todos os conceitos e ferramentas para AVP. Do custo de oportunidade à determinação da taxa interna de retorno (TIR), valor presente líquido (VPL), *payback* e entendimento e aplicação da estrutura de capital do projeto (capítulo 2).

Existem várias teorias e interpretações sobre o juro: recompensa ou remuneração futura à renúncia ao consumo presente, aluguel pelo uso do capital de terceiros etc. O economista austríaco Schumpeter (1883-1950) considerava juro como uma forma de imposto sobre o lucro. John Maynard Keynes (1883-1946) defendia que a taxa de juro se determina (como os demais preços), com base nos movimentos de oferta e de demanda de recursos. A oferta é exercida pelos detentores de moeda (capital) como mercadoria para empréstimo e a demanda é exercida pelas pessoas físicas e jurídicas que necessitam de recursos para consumo, investimentos, capital de giro etc.

Independentemente das correntes históricas e conceituais acerca do tema, os juros impactam de maneira significativa o processo de análise de viabilidade de projetos. No Brasil, a taxa de juro (taxa Selic) é um dos mais importantes instrumentos de política monetária que o governo possui. Por meio dela, o Banco Central interfere no nível de atividade econômica, na formação de preços e nas decisões de projetos.

A tabela 2 apresenta uma base histórica de janeiro de 1998 a junho de 2018, com as respectivas taxas de variações nominais no período.

Tabela 2

Variações nominais no período de janeiro/1998 a março/2019

Indicador	% no período	% equivalente a.a.
Taxa Selic	1.666	14,47
Ouro	1.407	13,62
Ibovespa	836	11,10
PIB	636	9,85
Poupança	430	8,17
TJLP/TLP	411	7,98
IGP-DI (FGV)	393	7,80
IPCA (IBGE)	261	6,23
Dólar comercial	230	5,78
Dow Jones (NYSE)	228	5,74

Fontes: FGV, Banco Central do Brasil, B3 e NYSE.

A tabela 2 mostra que no período de 21 anos e três meses, a política monetária adotada pelo governo federal brasileiro foi um dos principais instrumentos restritivos ao desenvolvimento de projetos no país. O ganho proporcionado pela taxa Selic (livre de risco e de trabalho) aos investidores desincentiva os investimentos e projetos produtivos, principalmente onde há a participação de capital privado. Um elemento importante associado à taxa de juro é a forma de capitalização, conforme abordaremos a seguir.

Formas de capitalização do juro

A questão do juro simples, composto ou infinitesimal está relacionada com a forma de capitalização do capital no tempo, ou seja, como o juro de cada período de capitalização será incorporado ao capital/principal. É denominado juro simples aquele em que o processo de capitalização é simples, ou seja, ao final do período, o juro devido não é incorporado ao capital para se determinar o juro do próximo período de capitalização. Assim, a taxa tem comportamento linear no tempo, podendo sua equivalência ser calculada de forma proporcional por meio de divisões e multiplicações. Juro de 12% ao ano = 1% ao mês; juro de 0,5% ao mês = 6% ao ano; um empréstimo de R$ 100,00 a 5% ao mês, após quatro meses, em que deverão ser pagos R$ 120,00 = R$ 100,00 + (R$ 100,00 × 4 × 5%).

A partir do pressuposto de que juro é o valor (R$) que representa a diferença entre valores (presente e futuro/s), uniformes ou não, é necessário convencionar de que forma essa diferença será demonstrada por meio da capitalização, mediante uma determinada taxa de juro (i) em relação ao tempo (n).

A título de exemplo, tomemos um empréstimo no valor presente (capital) R$ 100,00, sujeito a uma taxa de juro (i) de 10% ao mês, pelo prazo (n) de 12 meses. Há três formas de capitalizar os juros (aluguel do capital) no tempo, a fim de determinar o valor futuro a ser pago (capital mais juros).

Primeira forma: juros simples (Csimpl = capitalização de juros simples ou linear)

Nessa modalidade, o juro (aluguel) incide somente sobre o valor principal ou valor presente (capital), ou seja, o juro de cada operação é incorporado apenas sobre o capital – juro não incorporado na mesma data do seu cálculo (juro não reinvestido) – e o montante (VF) a ser pago no futuro pode ser calculado da seguinte forma:

$$VF = VP + (VP \times n \times i)$$

em que:

FV = valor futuro ou montante
PV = valor presente ou capital
i = taxa de juro
n = prazo da operação
VF = R$ 100,00 + (R$ 100,00 × 12 × 0,1)
VF = R$ 220,00

Segunda forma: juros compostos (Ccomp = capitalização de juros composta ou exponencial)

O juro é apropriado ou capitalizado com base no valor principal mais o juro do período de capitalização. Daí vem a expressão "juros sobre juros" ou anatocismo. Assim, os juros são incorporados na mesma data de seu cálculo; isto é, são reinvestidos no fluxo.

O montante (VF) de um capital pode ser calculado da seguinte forma:

$$VF = VP \times (1 + i)^n$$

em que:

FV = valor futuro ou montante
PV = valor presente ou capital
i = taxa de juro a ser capitalizada
n = prazo de capitalização
$VF = R\$\ 100{,}00 \times (1 + 0{,}1)^{12}$
$VF = R\$\ 313{,}84$

Terceira forma: juros contínuos (Ccont = capitalização de juros contínua ou infinitesimal)

Essa é uma forma diferenciada de apropriar juros, na qual o valor principal é submetido a capitalizações com base no e = 2,718282..., número utilizado no cálculo de logaritmos neperianos, criados pelo escocês John Neper (1550-1617), mais conhecido por Napier, que objetivava simplificar cálculos matemáticos nos séculos XVI e XVII para auxiliar o desenvolvimento da astronomia e o comércio, puxado pelas grandes navegações. A aplicação de capitalização contínua se justifica quando o número de capitalizações for muito grande, geralmente tendendo a infinito.

$$FV = VP \times e^{i.n}$$

em que:

VF = valor futuro ou montante
VP = valor presente ou capital
i = taxa de juro a ser capitalizada
n = prazo de capitalização
e = 2,718282... (número utilizado no cálculo de logaritmos neperianos)
$VF = R\$\ 100{,}00 \times 2{,}718282...^{(0{,}1 \times 12)}$
$VF = R\$\ 332{,}01$

Isso ocorre porque quando aumenta o prazo de capitalização (n), a relação VF/VP aumenta em proporções menores, tendendo a uma assíntota, cujo ponto de tangência tende ao infinito. Logo a relação VF/VP tende a um valor limite, podendo ser calculado por cálculo diferencial, onde n → ∞.

$$\lim_{n \to \infty} \left(1 + \frac{1}{n}\right)^n = e$$

em que: e = 2,718282...

O sistema de capitalização contínua é utilizado em cálculos nos quais os projetos exigem número de capitalizações (n) muito grande, geralmente tendendo ao infinito. A taxa de juro (i) passa a ser denominada juro instantâneo. Os professores Robert C. Merton e Myron S. Sholes foram laureados com o prêmio Nobel de economia, em 1997, por terem desenvolvido um modelo de precificação de derivativos de opções no mercado de capitais em regime de capitalização contínua.

A tabela 3 apresenta uma comparação do valor futuro de um empréstimo de R$ 100,00 a juros de 10% ao mês, pelo prazo de 12 meses, pelos diferentes métodos de capitalização (simples, composto e contínuo).

Observa-se, na tabela 3, que a diferença entre os sistemas de capitalização simples e o contínuo pode chegar a 50,91% apenas em 12 meses de acumulação. Isso reforça a necessidade de aplicar nos projetos o regime correto e conforme com as determinações legais a fim de não impactar os resultados que determinam a rentabilidade.

Tabela 3
Valor futuro pelos diferentes métodos de capitalização

	Valor futuro (R$)		
Mês	**Csimples**	**Ccomp**	**Ccont**
0	100,00	100,00	100,00
1	110,00	110,00	110,52
2	120,00	121,00	122,14
3	130,00	133,10	134,99
4	140,00	146,41	149,18
5	150,00	161,05	164,87
6	160,00	177,16	182,21
7	170,00	194,87	201,38
8	180,00	214,36	222,55
9	190,00	235,79	246,96
10	200,00	259,37	271,83
11	210,00	285,31	300,42
12	220,00	313,84	332,01

Taxas de juros equivalentes

O período da taxa de juro (i) deve ser o mesmo da unidade de tempo das capitalizações (n). Todavia, se uma taxa de juro é definida num determinado período (% ao mês), pode ser necessário conhecer seu valor para um período diferente (% ao ano, por exemplo).

A taxa de juro equivalente pode ser expressa pela seguinte fórmula geral:

$$i_e = (1 + i_n)^{e/n} - 1$$

em que:

i_e = taxa de juro equivalente no período $_e$
i_n = taxa de juro conhecida no período $_n$

A tabela 4 apresenta o comportamento (em %) das taxas equivalentes (i_e), considerando um juro de 10% ao mês (i_n) pelos diferentes métodos de capitalização.

Tabela 4

Taxas equivalentes pelos diferentes métodos de capitalização

Mês	Csimples	Ccomp	Ccont
0	0,00	0,00	0,00
1	10,00	10,00	10,52
2	20,00	21,00	22,14
3	30,00	33,10	34,99
4	40,00	46,41	49,18
5	50,00	61,05	64,87
6	60,00	77,16	82,21
7	70,00	94,87	101,38
8	80,00	114,36	122,55
9	90,00	135,79	146,96
10	100,00	159,37	171,83
11	110,00	185,31	200,42
12	120,00	213,84	232,01

O quadro 1 apresenta um resumo de como o juro é incorporado ao valor principal nos diferentes métodos de capitalização.

Quadro 1

Características da incorporação dos juros nos diferentes métodos de capitalização

Regime de capitalização	Característica
Linear (Csimples)	O juro de cada operação é incorporado ao capital inicial somente ao final da operação; ou seja, o juro (aluguel pelo uso do capital) não é incorporado na mesma data do seu cálculo = juro não é reinvestido.
Composta (Ccomp)	O juro de cada operação é incorporado ao capital inicial que deu origem ao cálculo desse juro, ou seja, o juro é incorporado na mesma data do seu cálculo = juro é reinvestido.
Contínua (Ccont)	O juro é aplicado de forma proporcional, por um número muito grande de períodos, geralmente tendendo ao infinito. O juro de cada operação é incorporado ao capital inicial, incorporando o juro na mesma data de cálculo = juro é reinvestido.

O quadro 1 explica os cálculos apresentados nas tabelas 3 e 4. Observa-se que apenas no regime de capitalização simples (Csimples) os juros não são reinvestidos, razão pela qual há limitações para aplicações em projetos.

Juro racional e juro percentual

Os números racionais são quocientes de dois números inteiros (divisor diferente de zero), ou seja, qualquer número que pode ser colocado na forma fracionária, desde que o numerador e o denominador sejam números inteiros. A título de exemplo, um empréstimo de R$ 100,00 que deverá ser pago após 30 dias por R$ 110,00. A taxa de juro racional representa a remuneração de uma unidade de capital (R$) de 0,1.

i (racional) = i percentual ÷ 100,00
i (racional) = 0,1
i (percentual) = i (racional) × 100,00
i (percentual) = 10% a.m.

A taxa percentual indica a proporção calculada em relação ao todo (1 ou 100%). Logo, é uma fração em que o denominador é igual a 100, representada pelo símbolo %. A palavra tem sua origem no latim *per centum*, que significa, literalmente, por cento ou por cada centena.

O i (percentual) é a taxa de juro utilizada para comparar grandezas, determinar descontos, acréscimos etc. no processo de comunicação (falado e escrito), nos meios comercial, propaganda, divulgação e formalização de contratos. O i (racional) é usado para a realização de cálculos e solução de equações matemáticas, e deve ser evitado no processo de comunicação – pode confundir os participantes.

Juro nominal e juro efetivo

Para calcular o juro (i) incidente sobre determinado capital (VP), deve-se observar se a taxa i (percentual) está expressa no prazo (n) de capitalização dos juros. A título de exemplos:

- uma operação cujo prazo final de pagamento (principal + juros) é após um ano, exige que se trabalhe com uma taxa de juro para o prazo de um ano;
- para cálculo do valor da prestação mensal – i (racional) de um empréstimo com pagamentos periódicos e consecutivos (principal + juros), deve-se trabalhar com uma taxa de juro para 30 dias.

A taxa de juro nominal é a taxa de referência usada para montagem de operações financeiras ou não. Já a taxa de juro efetiva representa aquela obtida entre os valores inicial e final, ou de um fluxo de caixa da operação. Assim, a taxa de juro efetiva obedece à equivalência entre os capitais que compõem o fluxo total da operação, isto é, a soma algébrica dos capitais (entradas e saídas em regime de caixa) de uma operação é sempre igual a zero em qualquer data, quando calculados com a taxa de juro efetiva.

O exemplo mais clássico é o da Caderneta de Poupança antes de 3 de maio de 2012, que oferecia ao aplicador uma rentabilidade de 6% ao ano, além da variação da TR – taxa referencial. A taxa de 6% ao ano é a taxa de juro nominal. Todavia, como as capitalizações de juros são mensais, a taxa de juro anual efetiva dessa popular forma de aplicação no Brasil era de 6,1677812% ao ano (juro mensal proporcional = 6% ao ano ÷ 12 meses = 0,5% ao mês).

O juro mensal proporcional de 0,5% ao mês sofria capitalizações mensais. Dessa forma, a taxa de juro de 0,5% ao mês pode ser denominada taxa de juro mensal efetiva, pois o poupador recebia

0,5% ao mês sobre o valor do capital aplicado desde a data de início da aplicação. Assim, o juro nominal de 6% ao ano se transformava num juro efetivo de 6,1677812% ao ano.

Juro anual efetivo = $[(1 + 0{,}005)^{12} - 1] \times 100$
Juro anual efetivo = 6,1677812%

Outro aspecto relativo ao juro efetivo refere-se à Resolução nº 3.517, de 6 de dezembro de 2007, e posteriores alterações, do Banco Central do Brasil, que estabelece o conceito de custo efetivo total (CET) como o juro efetivo incidente em operações financeiras, ou seja, o custo total da operação, expresso na forma de taxa percentual anual, calculada conforme fórmula a seguir (Brasil, 2009).

$$\sum_{j=1}^{N} \frac{FC_j}{(1+CET)^{\frac{(d_j - d_0)}{365}}} - FC_0 = 0$$

em que:

FC0 = valor do crédito concedido, deduzido, se for o caso, das despesas e tarifas pagas antecipadamente
FCj = valores cobrados pela instituição, periódicos ou não, incluindo as amortizações, juros, prêmio de seguro e tarifa de cadastro ou de renovação de cadastro, quando for o caso, bem como qualquer outro custo ou encargo cobrado em decorrência da operação
j = j-ésimo intervalo existente entre a data do pagamento dos valores periódicos e a data do desembolso inicial, expresso em dias corridos
N = prazo do contrato, expresso em dias corridos
d_j = data do pagamento dos valores cobrados, periódicos ou não (FCj)
d_0 = data da liberação do crédito pela instituição (FC_0)

Apesar de a Resolução nº 3.517/2007 dispor sobre a informação e a divulgação do custo efetivo total correspondente a todos os encargos e despesas de operações de crédito e de arrendamento mercantil financeiro, contratadas ou ofertadas a pessoas físicas, o CET é parâmetro para determinação do custo do *funding* de um projeto.

Juro real

Segundo Gonçalves et al. (2008), a inflação é o fenômeno conhecido como o aumento persistente e contínuo de preços de bens e serviços. A consequência direta disso é que a moeda perde seu poder aquisitivo. Por exemplo, se a inflação for de 200% ao ano, implica que, em média, os preços dos produtos triplicaram. Se antes da inflação R$ 500,00 compravam determinado produto, após a inflação de 200%, compram apenas 1/3 desse produto.

Lidar com inflação é uma tarefa complexa no processo de análise de viabilidade econômica e financeira de projetos. Muitos fatores impactam as taxas de inflação: escassez de produtos e serviços, déficit e emissão de dinheiro pelo governo federal, balança de pagamentos, relações entre demanda e oferta de produtos e serviços, efeitos de natureza climática, política etc. Outro aspecto que dificulta a tomada de decisão em viabilidade de projetos é a variedade de indicadores e institutos que medem a variação de preços: FGV, Fipe, IBGE, sindicatos etc.

Juro real é o juro efetivo de uma operação num determinado período, menos a variação da inflação no período. É também conhecido como efeito Fisher, desenvolvido por Irving Fisher (1867-1947), economista, segundo o qual a taxa de juro nominal deve mudar em função de mudanças na taxa de juro real ou das expectativas de inflação.

Ancorado nesse pressuposto, o juro real (ir) de uma operação, dadas uma taxa de inflação (if) e uma taxa de juro efetiva (ie), pode ser expresso da seguinte forma, na modalidade de capitalização juros compostos:

$$ir = \{[(1 + ie) \div (1 + if)] - 1\} \times 100$$

em que:

ir = juro real
ie = juro efetivo
if = taxa de inflação

O comportamento das taxas de juros e de inflação é fundamental para o desenvolvimento de projetos porque as expectativas de retorno podem ser frustradas pela inflação. Uma experiência traumática com inflação ocorreu na Alemanha nos anos de 1914 a 1924. Em 30 de agosto de 1924, a lei monetária alemã fixou a taxa de conversão da nova moeda (*reichsmark*) em 100 trilhões de marcos. As notas eram emitidas em valores de 2.000, 5.000, 10.000 e 100.000 bilhões, estampadas em apenas um lado em papel jornal (Falkner, 1924).

No Brasil, no período de 1 de janeiro de 1969 a 31 de dezembro de 2017, a variação nominal do Ibovespa (principal indicador médio de desempenho do mercado de ações no Brasil, formado pelas ações das empresas com maior liquidez e maior volume financeiro negociado de todo o volume de negócios da B3) foi de 20.864.729.096.677.200% e a inflação do período medida pelo IGP-DI da FGV foi de 1.876.437.064.676.310%. A tabela 5 apresenta as respectivas taxas de juros equivalentes ao ano nominal e real do Ibovespa no período.

Tabela 5
Taxas de juros nominal e real do Ibovespa (1969-2017)

	Juro nominal no período	Taxa equivalente a.a.
Ibovespa	20.864.729.096.677.200%	78,41%
Inflação (IGP-DI FGV)	1.876.437.064.676.310%	63,68
Juro real	—	9%

Fontes: FGV e B3.

A tabela 6 apresenta outro exemplo de projeto sujeito aos efeitos da inflação.

Tabela 6
Exemplo de projeto sujeito a inflação

Mês	TIR do projeto	Inflação	TIR real
1	1% ao mês	1% ao mês	Zero
2	1% ao mês	0,5% ao mês	1% - 0,5% = 0,4975124% ganho
3	1% ao mês	1,5% ao mês	1% - 1,5% = (0,49261084%) perda

Após essa explanação sobre os diferentes aspectos relacionados à capitalização da taxa de juro, é importante considerar o efeito do tempo sobre o valor do dinheiro. As principais considerações, leitor, são feitas a seguir, no próximo capítulo.

2
Relação entre tempo e dinheiro

Uma das funções que se atribui ao dinheiro é a reserva de valor e o consequente poder de compra ao longo do tempo. Ocorre que o movimento dos preços, ao longo do tempo, pode afetar essa função. Diante disso, é fundamental interpretar a relação entre ambos – tempo e dinheiro – para se ter uma percepção adequada do mérito do projeto. Neste capítulo, oferecemos ao leitor essa interpretação.

Valor do dinheiro no tempo

O valor do dinheiro no tempo é um conceito importante em avaliação de projetos e reúne aspectos ligados a economia, finanças e contabilidade. O princípio predominante é que R$ 1,00 hoje tem valor diferente, maior, do que R$ 1,00 amanhã ou em qualquer outro dia diferente de hoje. Quando alguém (pessoa física ou jurídica) vende produtos ou serviços a prazo, empresta dinheiro, ou realiza uma aplicação financeira, está confiando a terceiros recursos financeiros, e durante esse período, privando-se de usar o recurso e assumindo riscos, principalmente o de não receber por qualquer motivo.

O juro que o credor cobra do devedor é o reflexo do valor que o dinheiro assume no tempo. Em economia, representa um sacrifício de consumo no presente, por impedimento temporário de realizar outros negócios (custo de oportunidade) que representem o lucro e os riscos associados, sendo o principal a probabilidade de o devedor não realizar o pagamento. O juro (separar o capital ou principal) é a recompensa legítima, geralmente recebida no futuro (existem operações em que o juro é pago antecipadamente), pelo sacrifício presente de não consumo ou privação de utilização do capital.

É importante ressaltar que, na pessoa jurídica sujeita à tributação pelo lucro real, esses aspectos se diferenciam da pessoa física, principalmente em função de regras contábeis e fiscais, porque:

- o juro recebido está sujeito à tributação do imposto de renda e da contribuição social;
- o juro pago pode ser deduzido da base de cálculo do imposto de renda e da contribuição social;
- a aquisição de ativo imobilizado gera depreciação;
- a depreciação pode ser deduzida da base de cálculo do imposto de renda e da contribuição social;
- os empréstimos geram passivos etc.

Dessa forma, as variáveis básicas da matemática aplicadas à avaliação de projetos envolvendo o valor do dinheiro no tempo são:

- moeda (VP, VF, prestações, parcelas) – é a unidade básica de referência correspondente às operações de empréstimos e recebimentos de transações realizadas;
- tempo (n) – é o prazo durante o qual o credor ficou sem usar o recurso emprestado ao devedor (sacrifício de consumo), ou seja, é o prazo durante o qual o devedor ficou usando o recurso (capital) do credor;
- juro (i) – é a remuneração ou preço pelo capital usado pelo devedor.

Assim, o juro representa o preço, a quantificação ou mensuração monetária do valor do dinheiro no tempo acordado entre as partes (credor e devedor). Tomemos como exemplo um empréstimo de R$ 100,00 (capital) em que, após um mês, o devedor devolve ao credor os R$ 100,00 tomados como empréstimo mais R$ 5,00 a título de juros. Nesse exemplo, consideramos um pagamento único após um mês (principal + juros), porém também é possível usar sistemas de amortização ou prestações (Price, SAC etc.). Comumente denomina-se um "pagamento" de R$ 105,00 pelo devedor quando, na verdade, o devedor pagou apenas R$ 5,00 pelo uso do capital. Os R$ 100,00 foram devolvidos ou retornados ao credor. Esses R$ 5 pagos pelo devedor a título de juros (uso do capital durante um mês) é o valor do dinheiro no tempo acordado entre as partes pela transação de empréstimo de R$ 100,00 por um mês.

O valor dos juros pode ser expresso de duas formas:

- em quantidade de moeda: R$ 5,00 por mês; ou
- em percentual sobre o capital: 5% a.m.

Da ótica do valor presente (VP ou capital) e valor futuro (VF ou capital + juros), há as seguintes possibilidades em percentual sobre o capital:

Em juro simples

$$J = VP \times I \times n$$
$$VF = VP + J$$

em que:

J = juros em R$
VP = valor presente em R$
VF = valor futuro em R$
i = juros (%).

n = tempo (no exemplo, um mês).

$$VF = VP + (VP \times i \times n)$$

Exemplificando:

R$ 105,00 = R$ 100,00 + (R$ 100,00 × i × i)
(R$ 100,00 × i) + R$ 100,00 = R$ 105,00
R$ 100,00 × i = R$ 105,00 – R$ 100,00
R$ 100,00 × i = R$ 5,00
i = R$ 5,00 ¸ R$ 100,00
i = 0,05 (racional)
i = 5% a.m. (percentual)

Em juros compostos

$$VF = VP \times (1 + i)^n$$

R$ 105,00 = R$ 100,00 × $(1 + i)^1$
1 + i = R$ 105,00 ¸ R$ 100,00
i = (R$ 105,00 ¸ R$ 100,00) –1
i = 0,05 (racional)
i = 5% a.m. (percentual)

Nesse caso, dado o período de um mês, os juros na forma percentual são de 5% sobre o capital, tanto para juros simples quanto para juros compostos. Conclui-se que o valor do dinheiro no tempo representado pelo capital de R$ 100,00 emprestado pelo credor ao devedor corresponde a R$ 5,00 a título de juros após prazo de um mês, ou seja, os R$ 100 de capital emprestado no momento zero valem R$ 105,00 no momento n + 1 (após um mês). Para o credor, R$ 100,00 na data do empréstimo corresponderão a R$ 105,00 após um mês. O juro de R$ 5,00 ou 5% ao mês é o preço (aluguel) a ser pago pelo devedor, correspondente aos seguintes itens para o credor:

- custo de oportunidade – sacrifício de não usar (aplicar em outro negócio) ou consumir os R$ 100,00 durante um mês; e
- riscos – sendo o principal deles a possibilidade de o devedor não devolver os R$ 100,00 emprestados e também não pagar os R$ 5,00 de juros.

Um aspecto curioso sobre o risco é revelado pela escrita chinesa. Reproduzimos, a seguir, o símbolo que oferece um significado mais profundo para caracterizar o risco.

危機

O primeiro símbolo significa perigo; já o segundo, significa oportunidade. Assim, os projetos representam uma mistura de exposição ao perigo e oportunidade.

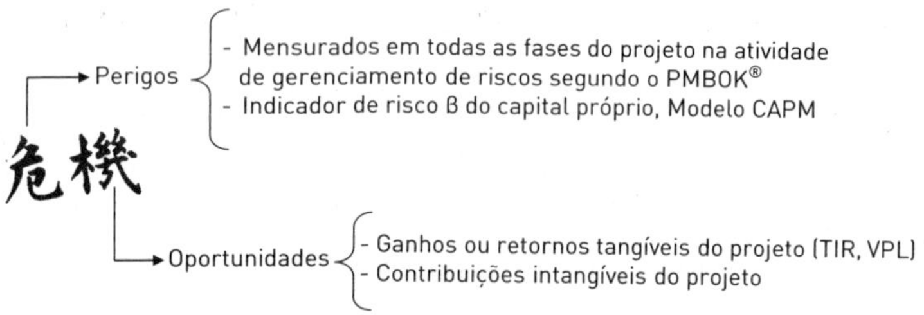

Ao relacionar a taxa de juro e o efeito do tempo sobre o valor do dinheiro, leitor, surge a oportunidade de discutirmos os sistemas de amortização e sua relação com a AVP, assunto da próxima seção.

Sistemas de amortização

Quando os pagamentos e/ou recebimentos são realizados de forma parcelada, é necessário definir ou negociar alguns parâmetros e adotar um método desse parcelamento (sistema de amortização). A seguir, algumas definições.

- Valor principal ou capital e juro. O juro incide sempre sobre o capital emprestado. No pagamento parcelado, o devedor, geralmente, devolve ao credor, na forma de prestações ou parcelas, capital e juro na forma negociada
- Parcela ou prestação. É o valor que o devedor pagará periodicamente ao credor (determinado em contrato), cuja função é devolver o capital + juro combinado. É possível também incluir na parcela encargos como impostos e outras taxas. Nesse caso, é importante explicitar o valor de cada item, conforme tabelas 7 e 8 adiante.

Tabela ou sistema Price

A origem do nome tabela Price vem do matemático inglês Richard Price, que concebeu, no século XVII, o método de cálculo também conhecido como sistema Price, tabela Price ou sistema francês. Nesse sistema de amortização, as prestações são iguais e consecutivas, a partir do momento em que começam a ser amortizadas. As amortizações são crescentes e o valor dos juros decrescentes.

O valor das parcelas ou prestações (PMT) é constante e pode ser obtido pela seguinte expressão:

$$PMT \frac{VP}{\frac{(1+i)^n - 1}{(1+i)^n \times i}}$$

em que:

PMT = valor da prestação (R$)

PV = valor da dívida
i = taxa de juro (%)
n = quantidade de prestações periódicas e consecutivas

A tabela Price é o sistema de amortização mais utilizado nos empréstimos e financiamentos no Brasil, em função da sua característica principal: parcelas constantes.

Sistema de amortização constante (SAC)

No SAC, o valor das parcelas (PMT) é decrescente e a amortização é constante; tal valor é determinado construindo-se uma planilha analítica destacando os juros, a amortização do principal e o saldo devedor. As variáveis podem ser obtidas pelas seguintes expressões:

$$PMT = Am + J$$
$$J = i \times Sdi$$
$$Am = Sdi \div n$$

em que:

PMT = valor (R$) da prestação
J = valor (R$) dos juros inclusos na PMT
Am = valor (R$) da amortização do Sdi incluso na PMT
Sdi = saldo devedor (R$)
i = taxa de juro (%)
n = quantidade de prestações

Suponha, como exemplo, um empréstimo no valor de R$ 100,00 (VP), a juros (i) de 10% ao mês, a ser pago em seis prestações mensais e consecutivas. A tabela 7 apresenta a planilha analítica da operação pelo sistema Price.

Tabela 7
Planilha analítica Price (R$)

Mês	Sdi	J	Am	PMT
0	100,00	–	–	–
1	87,04	10,00	12,96	22,96
2	72,78	8,70	14,26	22,96
3	57,10	7,28	15,68	22,96
4	39,85	5,71	17,25	22,96
5	20,87	3,98	18,98	22,96
6	0	2,09	20,87	22,96

A tabela 8 apresenta a planilha analítica da operação pelo SAC.

Tabela 8
Planilha analítica SAC (R$)

Mês	Sdi	J	Am	PMT
0	100,00	–	–	–
1	83,33	10,00	16,67	26,67
2	66,66	8,33	16,67	25,00
3	49,99	6,67	16,67	23,34
4	33,32	4,99	16,67	21,66
5	16,65	3,33	16,67	20,00
6	0	1,67	16,67	18,34

O SAC, em função de as parcelas assumirem valores decrescentes, é muito utilizado em financiamentos de imóveis.

Sistema americano

No sistema americano o pagamento do capital ou principal é realizado pelo devedor de uma só vez, no final do período contratual (também denominado *balloon payment*). Geralmente, os juros são pagos periodicamente, mas também há operações nas quais os juros são capitalizados e pagos ao final de uma só vez, junto com o principal.

Supondo como exemplo um empréstimo no valor presente (VP) de R$ 100, a taxa de juro (i) de 10% ao mês e o prazo igual a seis meses, com pagamento de juros mensais, observa-se o resultado final de R$ 110,00. A tabela 9 apresenta a planilha analítica da operação pelo sistema americano.

Tabela 9
Planilha analítica pelo sistema americano (R$)

Mês	Dívida (Sdi)	Amortização (Am)	Juros (J)	Prestação (PMT)
0	100,00	-	-	-
1	100,00	-	10,00	10,00
2	100,00	-	10,00	10,00
3	100,00	-	10,00	10,00
4	100,00	-	10,00	10,00
5	100,00	-	10,00	10,00
6	100,00	100,00	10,00	110,00

Dois aspectos fundamentais na AVP, citados anteriormente, são a inflação e a depreciação. A importância delas é tal, leitor, que as destacamos na próxima seção.

Inflação e depreciação

Como um projeto relaciona esforços de capital no tempo, faz-se necessário considerar dois aspectos majoritários relacionados ao uso nos projetos: inflação e depreciação.

Inflação

A inflação pode ser definida como um processo de aumento contínuo e generalizado no nível geral de preços. Impacta negativamente no desenvolvimento de projetos (privados e governamentais) que dependem do investimento em capital fixo, podendo ser considerada como um dos principais componentes na determinação do produto, emprego e renda da economia de um país, pois promove o aumento da capacidade produtiva e a expansão do nível de atividade (Morandi e Reis, 2004).

A tabela 10 apresenta uma base histórica de janeiro de 1998 a março de 2019, com taxas de inflação e taxa Selic praticadas no Brasil no período.

Tabela 10
Taxas de janeiro de 1998 a março de 2019

Indicador	% no período	% equivalente a.a.
Taxa Selic	1.666	14,47
IGP-DI (FGV)	393	7,80
IPCA (IBGE)	261	6,23

Fontes: FGV e Banco Central do Brasil.

A tabela 10 mostra que, no período de mais de 21 anos, a taxa livre de risco (Selic) esteve muito acima das inflações medidas pela FGV e pelo IBGE. Isso interfere na formação bruta de capital fixo para projetos. Partindo da premissa de que a inflação é a base para atualizar o valor nominal de itens tangíveis (desembolsos e embolsos) que compõem o projeto, depreende-se que, para obtenção de ganhos reais no Brasil, os projetos devem ter altas taxas de retorno (TIR).

A seguir, na figura 2, apresenta-se a evolução da inflação no Brasil, medida pelo IPCA, índice estimado pelo IBGE, no período 2007-2020, considerando a projeção para os anos de 2019 e 2020, estimada pelos autores.

Observa-se que, conforme demonstra o IPCA, no período 2007-2018 a inflação esteve sempre presente. Entre 2007 e 2015 mostrou ritmo crescente e, desde então, vem perdendo força. Porém, ainda tem dimensões muito significativas e, por isso, foi estabelecido o sistema de metas de inflação.

Figura 2
Evolução da inflação no Brasil, pelo IPCA (2007-2020)

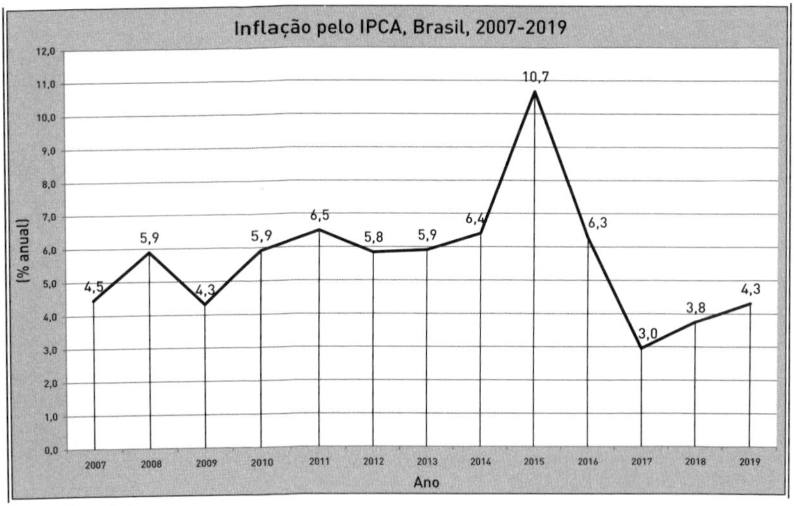

Fonte: Ipeadata.

No Brasil, o sistema de metas, instituído pelo governo federal, fixa uma meta anual objetiva de inflação a ser perseguida. Desde sua implantação em 1999, em poucos anos a meta inflacionária não foi alcançada, e desde 2012 o governo conseguiu controlar a inflação dentro da meta estabelecida. A tabela 11 mostra o histórico de metas para a inflação no Brasil de 1999 a 2021.

Em 1999, o governo brasileiro instituiu também o sistema de expectativas de mercado (SEM), cujo objetivo é monitorar a evolução das expectativas de mercado para as principais variáveis macroeconômicas, de forma a gerar subsídios para processos decisórios.

O SEM acompanha as expectativas de mercado para diferentes índices de preços, crescimento do PIB e da produção industrial, taxa de câmbio, taxa Selic, variáveis fiscais e indicadores do setor externo. Calcula estatísticas da amostra diariamente, permitindo a geração de relatórios diários para os membros da diretoria colegiada. Um desses relatórios (Focus – Relatório de Mercado) é publicado às segundas-feiras na página do Banco Central na internet.

O Focus – Relatório de Mercado oferece subsídio para o processo de análise de viabilidade de projetos com expectativas para três anos (ano corrente mais dois subsequentes). A figura 3 ilustra um resumo das informações disponíveis no Relatório Focus.

Tabela 11

Histórico de metas para a inflação no Brasil

Ano	Norma	Data	Meta (%)	Banda (p.p.)	Limites Inferior e Superior (%)	Inflação Efetiva (IPCA % a.a.)
1999	Resolução 2.615	30/6/1999	8	2	6-10	8,94
2000			6	2	4-8	5,97
2001			4	2	2-6	7,67
2002	Resolução 2.744	28/6/2000	3,5	2	1,5-5,5	12,53
2003*	Resolução 2.842 Resolução 2.972	28/6/2001 27/6/2002	3,25 4	2 2,5	1,25-5,25 1,5-6,5	9,3
2004*	Resolução 2.972 Resolução 3.108	27/6/2002 25/6/2003	3,75 5,5	2,5 2,5	1,25-6,25 3-8	7,6
2005	Resolução 3.108	25/6/2003	4,5	2,5	2-7	5,69
2006	Resolução 3.210	30/6/2004	4,5	2	2,5-6,5	3,14
2007	Resolução 3.291	23/6/2005	4,5	2	2,5-6,5	4,46
2008	Resolução 3.378	29/6/2006	4,5	2	2,5-6,5	5,9
2009	Resolução 3.463	26/6/2007	4,5	2	2,5-6,5	4,31
2010	Resolução 3.584	01/7/2008	4,5	2	2,5-6,5	5,91
2011	Resolução 3.748	30/6/2009	4,5	2	2,5-6,5	6,5
2012	Resolução 3.880	22/6/2010	4,5	2	2,5-6,5	5,84
2013	Resolução 3.991	30/6/2011	4,5	2	2,5-6,5	5,91
2014	Resolução 4.095	28/6/2012	4,5	2	2,5-6,5	6,41
2015	Resolução 4.237	28/6/2013	4,5	2	2,5-6,5	10,67
2016	Resolução 4.345	25/6/2014	4,5	2	2,5-6,5	6,29
2017	Resolução 4.419	25/6/2015	4,5	1,5	3,0-6,0	2,95
2018	Resolução 4.499	30/6/2016	4,5	1,5	3,0-6,0	3,75
2019	Resolução 4.582	29/6/2017	4,25	1,5	2,75-5,75	4,31
2020	Resolução 4.582	29/6/2017	4	1,5	2,5-5,5	
2021	Resolução 4.671	26/6/2018	3,75	1,5	2,25-5,25	
2022	Resolução 4.724	27/6/2019	3,50	1,5	2,00-5,00	

* A Carta Aberta, de 21/1/2003, estabeleceu metas ajustadas de 8,5% para 2003 e de 5,5% para 2004.
Fonte: Banco Central do Brasil. Disponível em: <https://www.bcb.gov.br/controleinflacao/historicometas>. Acesso em 11 maio 2020.

Fonte: Banco Central do Brasil. Disponível em: <www.bcb.gov.br/Pec/metas/TabelaMetaseResultados.pdf>. Acesso

Figura 3

Focus – Relatório de Mercado – 31 de maio de 2019

Focus | MEDIANAS DAS EXPECTATIVAS DE MERCADO — 8 de maio de 2020

	2020				2021				2022		2023	
	Há 4 semanas	Há 1 semana	Hoje	Comp. semanal*	Há 4 semanas	Há 1 semana	Hoje	Comp. semanal*	Hoje	Comp. semanal*	Hoje	Comp. semanal*
IPCA (%)	2,52	1,97	**1,76**	▼ (9)	3,50	3,30	3,25	▼ (2)	3,50	= (41)	3,50	= (42)
IPCA (%) últimos 5 dias úteis	2,35	1,82	**1,64**	▼ (9)	3,41	3,25	3,25	= (1)	3,50	= (41)	3,50	= (41)
PIB (var. %)	-1,96	-3,76	**-4,11**	▼ (13)	2,70	3,20	3,20	= (1)	2,50	= (107)	2,50	= (62)
CÂMBIO (R$/US$)	4,60	5,00	**5,00**	= (1)	4,47	4,75	4,83	▲ (8)	4,54	▲ (3)	4,67	▲ (2)
SELIC (% a.a.)	3,25	2,75	**2,50**	▼ (2)	4,50	3,75	3,50	▼ (3)	5,50	= (1)	6,00	= (5)

* comportamento dos indicadores desde o último Focus; os valores entre parênteses expressam o número de semanas em que vem ocorrendo o último comportamento.

▲ Aumento ▼ Diminuição = Estabilidade em relação ao Focus anterior

Fonte: Banco Central do Brasil. Disponível em: <www.bcb.gov.br/pec/GCI/PORT/readout/R20181109.pdf>. Acesso em: 3 jun. 2019.

Outro aspecto que precisa ser considerado em relação ao uso do dinheiro no tempo é a depreciação, apresentada a seguir.

Depreciação

Contabilmente, a depreciação pode ser definida como um gasto (custo ou despesa) relativo à perda de valor no tempo de um determinado item de ativo não circulante usado no projeto. A depreciação ocorre pela deterioração do bem ou por sua obsolescência. O método de depreciação mais usado e aceito pela legislação fiscal brasileira é o método linear, em que o valor de aquisição do bem no projeto é dividido pela sua vida útil contábil.

$$\text{Deprec} = P \div N$$

em que:

Deprec = valor a ser depreciado anualmente.
P = preço de compra do bem.
N = vida útil do bem em quantidade de anos.

Para fins de representação no diagrama de fluxo de caixa do projeto, a depreciação não deve ser considerada um desembolso em regime de caixa, pois o valor calculado (Deprec) não é classificado como um desembolso de caixa. Do ponto de vista fiscal/tributário, a depreciação é um gasto (custo ou despesa) considerado na base de cálculo do lucro tributável, ou seja, ela pode ser abatida dos ganhos tangíveis do projeto (receitas), reduzindo, assim, o lucro tributável do projeto e, consequentemente, o imposto de renda a pagar.

Para estabelecer a vida útil dos bens que são usados nos projetos, a legislação fiscal brasileira adota parâmetros padronizados que restringem a liberdade de definição das taxas de depreciação nos projetos. Isso ocorre para impedir que os bens sejam depreciados segundo julgamento pessoal ou preferência por uma depreciação mais rápida a fim de se obter benefício fiscal para o projeto.

A partir do fluxo de caixa do projeto antes do imposto de renda/contribuição social, busca-se avaliar esse fluxo após o imposto de renda/contribuição social para análise de viabilidade econômica e financeira.

A apuração do imposto de renda/contribuição social a pagar depende do regime tributário no qual o projeto está enquadrado. No Brasil há quatro tipos de regimes tributários utilizados, nos quais os projetos podem se enquadrar de acordo com as atividades e características de cada um: microempreendedor individual (MEI), simples nacional, lucro presumido e lucro real. Cada regime tributário possui uma legislação própria que define todos os detalhes e procedimentos a serem seguidos no desenvolvimento do projeto.

O fluxo de caixa do projeto após o imposto de renda/contribuição social – base para análise de viabilidade econômica e financeira –, é obtido pelo lucro líquido do projeto avaliado, menos o valor da depreciação dos bens usados/incorporados.

Observe que a depreciação dos bens usados/incorporados no projeto é incluída no cálculo somente para reduzir o resultado dos períodos nos quais a mesma pode ser considerada. A título de exemplo, se um equipamento foi adquirido por R$ 10.000,00 no início do projeto e sua depreciação é de 10% ao ano, pelo prazo de 10 anos, R$ 1.000,00 por ano serão deduzidos do resultado tangível final do empreendimento.

Essa redução do resultado final terá um impacto direto no imposto de renda/contribuição social a pagar sobre o projeto, que se beneficiará com a redução do montante final de impostos a serem pagos.

Exemplo sem considerar a inflação

Considere, leitor, um projeto hipotético que tenha uma vida útil de cinco anos, com um investimento de R$ 10.000,00, geração de receita anual de R$ 10.000,00, cujos gastos anuais de manutenção equivalentes são de R$ 2.000,00 e de R$ 1.500,00 anuais com mão de obra. A tabela 12 apresenta o impacto do pagamento de imposto de renda/contribuição social sobre o resultado final do projeto sujeito a uma alíquota de 35% de carga tributária (lucro real), sem considerar a existência de inflação durante a vida do projeto.

Tabela 12
Resultado do projeto após os impostos e depreciação sem inflação (R$)

Ano	Invest.	Receita	Man	MO	FCPAI	Deprec	IR/CS	FCPDI
0	(10.000)	-	-	-	(10.000)	-	-	(10.000)
1	-	10.000	(2.000)	(1.500)	6.500	(2.000)	(1.575)	4.925
2	-	10.000	(2.000)	(1.500)	6.500	(2.000)	(1.575)	4.925
3	-	10.000	(2.000)	(1.500)	6.500	(2.000)	(1.575)	4.925
4	-	10.000	(2.000)	(1.500)	6.500	(2.000)	(1.575)	4.925
5	-	10.000	(2.000)	(1.500)	6.500	(2.000)	(1.575)	4.925

Man = valor do gasto com manutenção.
MO = valor do gasto com mão de obra.
FCPAI = fluxo de caixa do projeto antes dos impostos.
Deprec = valor da depreciação linear.
IR/CS = valor devido de imposto de renda/contribuição social.
FCPDI = fluxo de caixa do projeto depois dos impostos.

Exemplo considerando a inflação

Quando todos os movimentos monetários tangíveis do projeto expressos no diagrama de fluxo de caixa estão sendo impactados pela inflação, é necessário também inflacionar todos os itens monetários, exceto o imposto de renda e a contribuição social, porque, em conformidade com a legislação fiscal brasileira, esta não pode ser atualizada ou reajustada pela expectativa de inflação do período de vida do projeto. Essa incorporação da inflação nos itens do projeto provocará alterações na TIR e no VPL.

Retomando o exemplo de projeto hipotético avaliado anteriormente e supondo uma expectativa de inflação de 4% ao ano, deve-se incorporar ao diagrama de fluxo de caixa a inflação estimada para cada ano. A tabela 13 demonstra esse caso.

O FCPDI é base para cálculo da TIR, VPL, *payback* (simples e descontado), retorno mínimo exigido do projeto quando realizado com diferentes capitais, que são as ferramentas essenciais para avaliação e decisão de natureza econômico-financeira.

Tabela 13
Resultado do projeto após os impostos e depreciação com inflação (R$)

Ano	Invest.	Receita	Man	MO	FCPAI	Deprec	IR/CS	FCPDI
0	(10.000)	-	-	-	(10.000)	-	-	(10.000)
1	-	10.400	(2.080)	(1.560)	6.760	(2.000)	(1.666)	5.094
2	-	10.816	(2.163)	(1.622)	7.031	(2.000)	(1.761)	5.270
3	-	11.249	(2.250)	(1.687)	7.312	(2.000)	(1.859)	5.453
4	-	11.699	(2.340)	(1.755)	7.604	(2.000)	(1.961)	5.643
5	-	12.167	(2.433)	(1.825)	7.909	(2.000)	(2.068)	5.841

Man = valor do gasto com manutenção.
MO = valor do gasto com mão de obra.
FCPAI = fluxo de caixa do projeto antes dos impostos.
Deprec = valor da depreciação linear.
IR/CS = valor devido de imposto de renda/contribuição social.
FCPDI = fluxo de caixa do projeto depois dos impostos.

Apresentados os elementos anteriores, cabe tratar da relação entre juro e risco. Os argumentos relevantes nessa relação estão assinalados na sequência do texto.

Taxa livre de riscos e impactos no processo de AVP

A taxa Selic tem na sua origem o Serviço Especial de Liquidação e Custódia (Selic), criado na década de 1970 para simplificar e controlar a negociação e custódia de títulos públicos no mercado aberto. Até agosto de 1972 essa custódia era realizada por processo manual, que incluía desde o arquivamento dos títulos em pastas específicas por instituição até sua movimentação física no cofre do banco. Atualmente, o Selic do Banco Central é um sistema informatizado que se destina à custódia de títulos escriturais de emissão do Tesouro Nacional e do Banco Central do Brasil, bem como ao registro e à liquidação de operações com os referidos títulos. A administração do Selic é de competência exclusiva do

Departamento de Operações do Mercado Aberto (Demab) do Banco Central do Brasil.

As diretrizes da política monetária brasileira, assim como a taxa básica de juros (Selic), são definidas pelo Comitê de Política Monetária (Copom), criado em 20 de junho de 1996. Um dos principais instrumentos de diretriz de política monetária brasileira é o Decreto nº 3.088, de 21 de junho de 1999, que trata da sistemática de "metas para a inflação" (tabela 11), base fundamental para as decisões do Copom a fim de cumprir as metas de inflação definidas pelo Conselho Monetário Nacional (CMN). Segundo esse decreto, se as metas de inflação não forem atingidas, cabe ao presidente do Banco Central divulgar os motivos do descumprimento, bem como as providências necessárias e prazo para o retorno da taxa de inflação aos limites estabelecidos. Formalmente, os objetivos do Copom são: implementar a política monetária, definir a meta da taxa Selic e seu eventual viés e analisar o Relatório de Inflação.

A taxa de juro fixada pelo Copom é a meta para a taxa Selic – "Selic meta" (taxa média dos financiamentos diários, com lastro em títulos federais, apurados no Sistema Especial de Liquidação e Custódia), a qual vigora por todo o período entre reuniões ordinárias do comitê. Quando necessário, o Copom também pode definir o viés, que é a prerrogativa dada ao presidente do Banco Central para alterar, na direção do viés, a meta para a taxa Selic a qualquer momento entre as datas das reuniões ordinárias.

As atas em português das reuniões do Copom são divulgadas às 8h30min da quinta-feira da semana posterior a cada reunião, disponíveis na página do Banco Central na internet (www.bcb.gov.br e para a imprensa em geral). Uma versão em língua inglesa é divulgada 24 horas depois.

Ao final de cada trimestre civil (março, junho, setembro e dezembro), o Copom publica, em português e em inglês, o documento "Relatório de Inflação", que analisa detalhadamente a conjuntura econômica e financeira do país, bem como apresenta suas projeções para a taxa de inflação.

Além da "Selic meta", há também a "Selic diária" (ambas disponíveis na página principal do *site* do Banco Central do Brasil na internet). Esta última representa a taxa média ponderada e ajustada das operações de financiamento por um dia útil, lastreadas em títulos públicos federais em operações compromissadas. As operações compromissadas são operações de venda de títulos com compromisso de recompra assumido pelo vendedor, conjugadamente com compromisso de revenda assumido pelo comprador, para liquidação no dia útil seguinte, realizadas por um dia útil pelas instituições financeiras habilitadas.

Dessa forma, a taxa "Selic diária" é formada pelas taxas de juros efetivamente observadas no mercado, que refletem as condições instantâneas de liquidez no mercado monetário (oferta *versus* demanda de recursos), ou seja, é a taxa de juro paga pelo governo federal para obter empréstimos. Trata-se de uma taxa de juro nominal, composta de duas parcelas: taxa de juro real e taxa de inflação no período considerado.

Oreiro e Paula (2011) afirmam que, no Brasil, o juro básico (taxa Selic) é elevado porque é o único país no mundo onde o mercado monetário e o mercado de dívida pública estão intimamente conectados por intermédio das letras financeiras do Tesouro. Assim, a taxa Selic cumpre duas funções: é a taxa que regula os empréstimos no mercado interbancário e é a taxa que corrige os empréstimos da dívida pública interna.

O simples fato de o governo poder arrecadar impostos e/ou emitir moeda para pagar suas dívidas faz com que os títulos da dívida interna emitidos pelo governo sejam virtualmente livres de risco. Esse princípio pode ser quebrado se houver algum fenômeno ou risco de o Estado (União) deixar de existir, como ocorre com alguns países.

A figura 4 mostra a taxa Selic (% ao mês) anualizada de julho de 1986 a novembro de 2018. Foi utilizada escala logarítmica devido à grande discrepância entre os valores, pois em fevereiro de 1990, a taxa Selic anualizada chegou a 438.898,89%.

Figura 4

Evolução da taxa Selic – julho/1986 a novembro/2018 (em escala logarítmica)

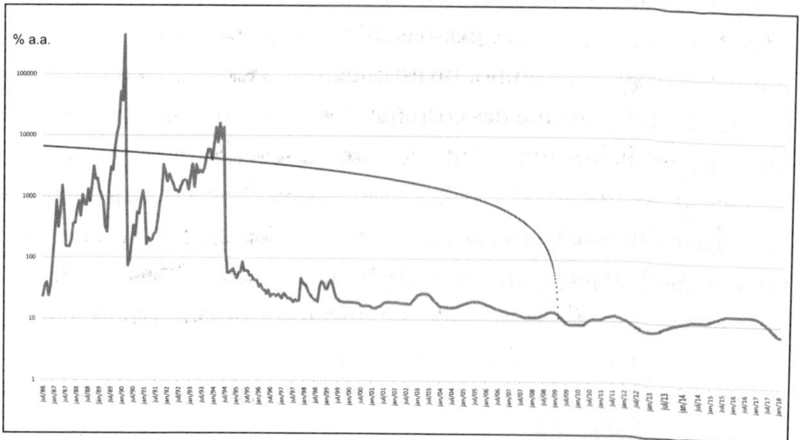

Fonte: Banco Central do Brasil. Disponível em: <www3.bcb.gov.br/sgspub/consultarvalores/consultarValoresSeries.do?method= consultarValores>. Acesso em: 19 nov. 2018.

A taxa mínima de atratividade de um projeto (TMA) com risco deve ser tendencialmente maior do que o retorno de um ativo com risco zero (título da dívida interna emitido pelo governo federal). A diferença tendencialmente positiva entre a TMA de um projeto com risco e o de um ativo virtualmente livre de risco é o que denominamos de retorno excedente do projeto com risco. O retorno excedente é um prêmio pelo maior risco que o projeto representa para o investidor.

De acordo com a teoria keynesiana, o empresário somente investirá em projetos com riscos se a TMA ou taxa de retorno mínima esperada pelo projeto (TIR) for superior à taxa de aplicação no mercado financeiro de títulos públicos (taxa Selic), considerada livre de risco. Dado que o investimento em projetos acarreta riscos para o investidor, a TMA deve ser superior à taxa Selic numa proporção que compense o risco.

Neste capítulo, apresentamos os aspectos básicos relativos ao valor do dinheiro no tempo, tais como inflação e depreciação. A partir deles, o leitor teve oportunidade de compreender como um afeta a outra e como ambas interagem em um projeto. No próximo capítulo, discutiremos a influência das origens do capital sobre a AVP.

3
Influência da origem do capital na AVP

A estrutura de capital ou os recursos que propiciam o desenvolvimento de um projeto (*funding*) resulta das seguintes possibilidades: o capital próprio, o capital de terceiros ou uma combinação de ambos. Abordaremos essas possibilidades neste capítulo.

Capital próprio (recursos dos acionistas/sócios)

Quando o projeto é realizado com recursos próprios, o referencial de retorno é a TMA, que representa o custo de oportunidade dos próprios capitais (dos sócios ou acionistas), composto pelas seguintes variáveis:

- TMA = i livre de risco (Selic) + [β × (Exm – Selic)]
- β = indicador beta, que representa o indicador de risco sistemático, não diversificável (de mercado) ou a sensibilidade dos retornos de um projeto/empresa.
- i livre de risco (Selic) = taxa livre de risco e impactos no processo de análise econômico-financeira de projetos.
- Exm = taxa de retorno esperada que representa o segmento de mercado no qual o projeto está inserido.

Segundo Bordeaux-Rêgo et al. (2008), o indicador β (beta) pode ser entendido como um medidor de risco ou das expectativas de retorno de um determinado projeto, ou mesmo da empresa à qual o projeto está vinculado, em função das expectativas de retorno do segmento de mercado. Entende-se como expectativa de retorno do mercado o que se espera de retorno de um índice que represente o segmento em determinado período.

Quando o β é igual a zero, entende-se que o investimento não possui risco (títulos do governo federal da dívida interna – taxa Selic). Quando o β é superior a um, entende-se que o projeto tem um risco alto, ou seja, apresenta variação positiva superior à do índice de retorno do segmento de mercado. Quando o β for inferior a um, entende-se que o projeto tem um risco baixo, ou seja, apresenta variação positiva inferior à do índice de retorno do segmento de mercado, comportando-se assim de forma análoga, porém inversa da anteriormente descrita.

A fórmula de cálculo do β (beta) é dada pela seguinte expressão:

$$\beta \text{ (beta)} = \text{covariância } (Rp, Exm) \div \text{variância de } Exm$$

em que:

Rp = retorno do projeto
Exm = retorno do mercado

Vale observar que, em geral, afirma-se que os recursos próprios representam um custo de capital maior para o projeto que o capital de terceiros (mais seguro para o credor em função das condições contratuais estabelecidas). Isso se deve também ao fato de que eles dependem de recursos dos acionistas e fator de risco (β), o que pode aumentar seu valor de oportunidade. Por sua vez, os recursos de terceiros são originados a partir de diferentes fontes, inclusive de algumas cujos custos de captação são muito baixos em função de subsídios governamentais e, ainda, podem ser dedutíveis da base de cálculo dos impostos a pagar sobre os resultados do projeto (lucro). Em situações específicas de taxas livres de risco muito baixas combinadas com projetos com fator de risco (β) também baixo, o custo de capital de recursos próprios pode ser mais barato do que o capital de terceiros.

Capital de terceiros

Quando o projeto é realizado com recursos de terceiros, o referencial de retorno é o custo efetivo dos passivos onerosos dos empréstimos e financiamentos utilizados ($Part_t$). O custo de capital de terceiros, representado por $Part_t$, pode ser apurado considerando a respectiva dedutibilidade fiscal, pela seguinte expressão:

$$Part_t = Part_t \text{ antes do IR} \times (1 - IR)$$

sendo que:

IR = alíquota de imposto de renda e contribuição social incidente no projeto.

Para exemplificar o cálculo do $Part_t$, suponha um capital de terceiros (financiamentos) de R$ 500.000,00 tomados a uma taxa de juros efetiva (CET) de 15% ao ano como *funding* para um determinado projeto. Sendo 35% a alíquota de IR do projeto (regime fiscal lucro real), os juros de competência do período são:

Despesa financeira bruta (R$ 500.000,00 × 15%) = R$ 75.000,00.
Economia de IR (R$ 75.000,00 × 35%): R$ 26.250,00.
Despesa financeira líquida após o benefício do IR: R$ 48.750,00.

Considerando a relação entre a despesa financeira líquida após o benefício de IR de competência do período e o capital de terceiros gerador dessa despesa, obtém-se o custo de capital de terceiros líquido do IR:

$$Part_t = R\$\ 48.750,00 \div R\$\ 500.000,00 \times 100 = 9,75\% \text{ a.a.}$$

Esse é o resultado obtido pela fórmula apresentada anteriormente, ou seja:

$$Part_t = 15\% \times (1 - 35\%) = 9,75\% \text{ a.a.}$$

A redução dos juros de 15% para 9,75% ao ano foi provocada em função do benefício fiscal de poder deduzir a despesa financeira no cálculo do IR. Essa efetiva dedução somente ocorre se o projeto não for isento de impostos e apresentar lucro tributável sujeito à alíquota de 35% usada.

A utilização de capital de terceiros no projeto, apesar de comumente ser mais barata do que o capital próprio (recursos dos acionistas), pode provocar um aumento de risco no projeto. O capital de terceiros exige compromissos de desembolsos (principal, juros e encargos) nas datas e condições estabelecidas em contrato. O possível não pagamento nas condições acordadas sujeita o projeto às ações de cobrança, inclusive no âmbito judicial.

Combinação capital próprio e de terceiros

É bastante comum os projetos utilizarem as duas fontes de recursos. Com isso, o custo atribuído aos recursos totais (*funding* do projeto) é uma média ponderada entre todas as origens utilizadas, sigla WACC em inglês, conforme ilustra a figura 5.

Figura 5

Distribuição dos capitais, segundo a fonte de origem e as expectativas de retorno

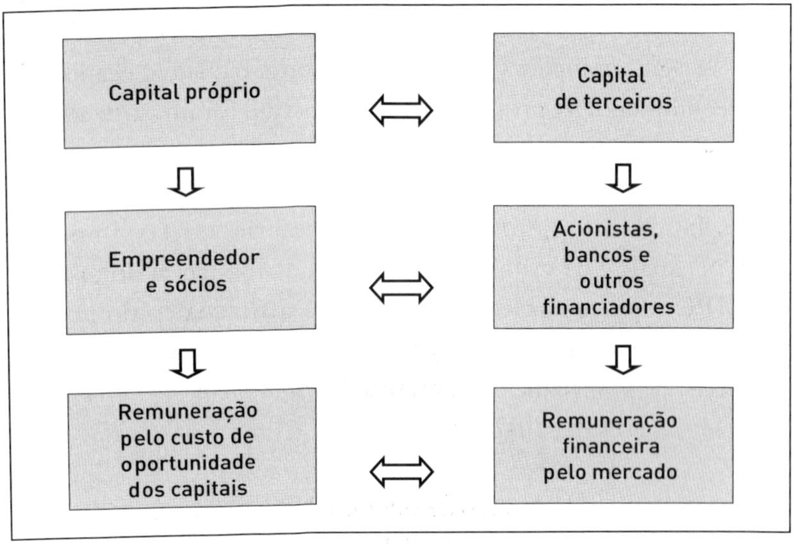

Como se pode observar, os capitais com origem própria advêm dos empreendedores e sócios. Como eles têm a intenção de recuperar o investimento total feito, seu referencial de retorno é o custo de oportunidade dos próprios capitais, que combina uma taxa livre de risco mais um prêmio pelo risco (β). Já os capitais de terceiros são fornecidos por instituições financeiras, credores e outros financiadores. Nesse caso, a remuneração de seu interesse é baseada na oportunidade do mercado financeiro e, principalmente, na recuperação do valor principal aportado, corrigido pela taxa de juro acordada. Em relação ao capital de terceiros, dependendo do regime fiscal a que o projeto está submetido (MEI, simples, lucro presumido e lucro real), haverá um benefício fiscal a ser considerado porque todos os encargos decorrentes do custo de capital de terceiros (juros, correção monetária, tarifas, impostos etc.) são dedutíveis da base de cálculo dos impostos vigentes.

Nota-se que se um projeto prevê uso de capital próprio com custo de oportunidade Cp e de capital de terceiros com custo de captação Ct, o custo do capital total será dado pelo custo médio ponderado do capital (CMPC), WACC (*weighted average cost of capital*) na sigla em inglês. O CMPC representa o custo de capital do empreendimento na proporção das fontes que foram utilizadas. É calculado pela média dos custos de cada fonte de capital ponderada pela participação relativa de cada uma, considerando a variável fiscal (dedutibilidade dos juros, correção monetária, tarifas, impostos etc.). Na análise de viabilidade econômico-financeira do projeto, o CMPC representará a TMA que será utilizada como taxa de desconto para os recursos projetados no tempo, conforme explica o caderno de governança corporativa *Monitoramento do Desempenho Empresarial* (IBGC, 2017:23):

> A metodologia de geração de valor estabelece o custo médio ponderado de capital (WACC, na sigla em inglês) como a remuneração mínima a ser obtida nas atividades operacionais da organização. Ou seja, para o cálculo do custo de capital devem-se considerar dois componentes: o custo financeiro das dívidas e empréstimos e o custo de oportunidade dos recursos investidos pelos sócios – dado que, pela metodologia de geração de valor, o dinheiro aportado pelo sócio é considerado um empréstimo para organização, devendo ser remunerado.

A seguir, apresenta-se um exemplo.

Um determinado projeto utiliza recursos financeiros de três fontes diferentes:

a) 58% de recursos próprios, a um custo de 18,0% a.a.;
b) 32% de empréstimo do banco A, a um custo de 13,5% a.a.;
c) 10% de empréstimo do banco B, a um custo de 14,0% a.a.

Nessas condições, o CMPC será dado por:

$CMPC = \Sigma K_t \times Part_t$
$CMPC = (18,0\% \times 58\%) + (13,5\% \times 32\%) + (14,0\% \times 10\%)$
$CMPC = 16,16\%$ a.a.

Como o projeto foi desenvolvido com várias fontes de recursos (próprios e de terceiros), o custo médio ponderado de capital (WACC) de 16,16% ao ano deve ser a remuneração mínima a ser obtida nas atividades com o projeto em operação.

Decisões segundo a estrutura de capital (*funding*)

A estrutura de capital, ou os recursos que propiciam o desenvolvimento de um projeto (*funding*), é fator determinante da sua rentabilidade mínima. Uma empresa pode ter projetos com diferentes riscos, dependendo na natureza e dimensão de impactos. Para fins de análise de viabilidade econômico-financeira, considera-se que o risco (β) apresentado pela empresa é um parâmetro básico de avaliação.

Empresa com indicador de risco (β) baixo – Ambev S.A.

Tomemos como exemplo o caso da empresa Ambev S.A., cujas informações contábeis públicas estão apresentadas a seguir, nas figuras 6 e 7.

Figura 6

Identificação e dados econômico-financeiros da empresa Ambev S.A.

AMBEV S.A.

Principal | Relatórios Estruturados | Informações Relevantes | Eventos Corporativos | Histórico de Cotações

Atualizado em 03/06/2019, às 01h57

Dados da Companhia

Nome de Pregão:	AMBEV S/A
Códigos de Negociação:	Mais Códigos ABEV3
CNPJ:	07.526.557/0001-00
Atividade Principal:	Fabricação E Distribuição de Cervejas. Refrigerantes E Bebidas Não Carbonatadas E Não Alcoólicas.
Classificação Setorial:	Consumo não Cíclico / Bebidas / Cervejas e Refrigerantes
Site:	http://ri.ambev.com.br

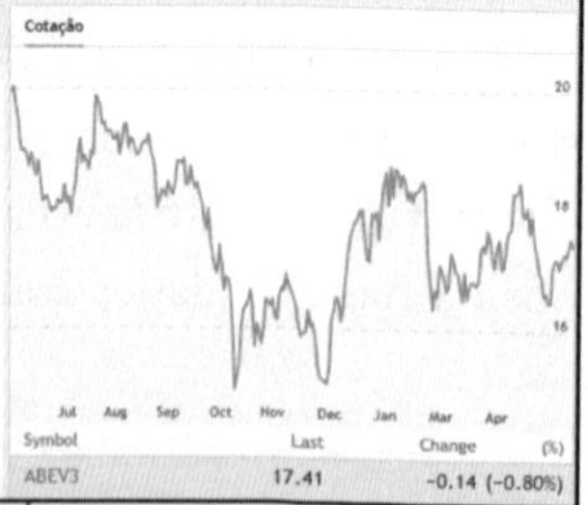

Dados Econômico-Financeiros - R$ - mil

Balanço Patrimonial - Consolidado	31/03/2019	31/12/2018
Ativo Imobilizado, Investimentos e Intangível	61.931.633	62.011.917
Ativo Total	96.905.532	95.714.417
Património Líquido	60.490.637	57.454.808

Demonstração do Resultado - Consolidado	01/01/2019 a 31/03/2019	01/01/2018 a 31/03/2018
Receita de Venda	12.640.126	11.640.219
Resultado Bruto	7.532.425	7.184.285
Resultado de Equivalência Patrimonial	(2.136)	617
Resultado Financeiro	(672.068)	(599.222)
Resultado Líquido das Operações Continuadas	2.749.068	2.587.586
Lucro (Prejuízo) do Período	2.749.068	2.587.586

Fonte: Bovespa. Disponível em: <www.b3.com.br/pt_br/produtos-e-servicos/negociacao/renda-variavel/empresas-listadas.htm>. Acesso em: 3 jun. 2019.

Figura 7
Indicadores financeiros e de risco da Ambev S.A.

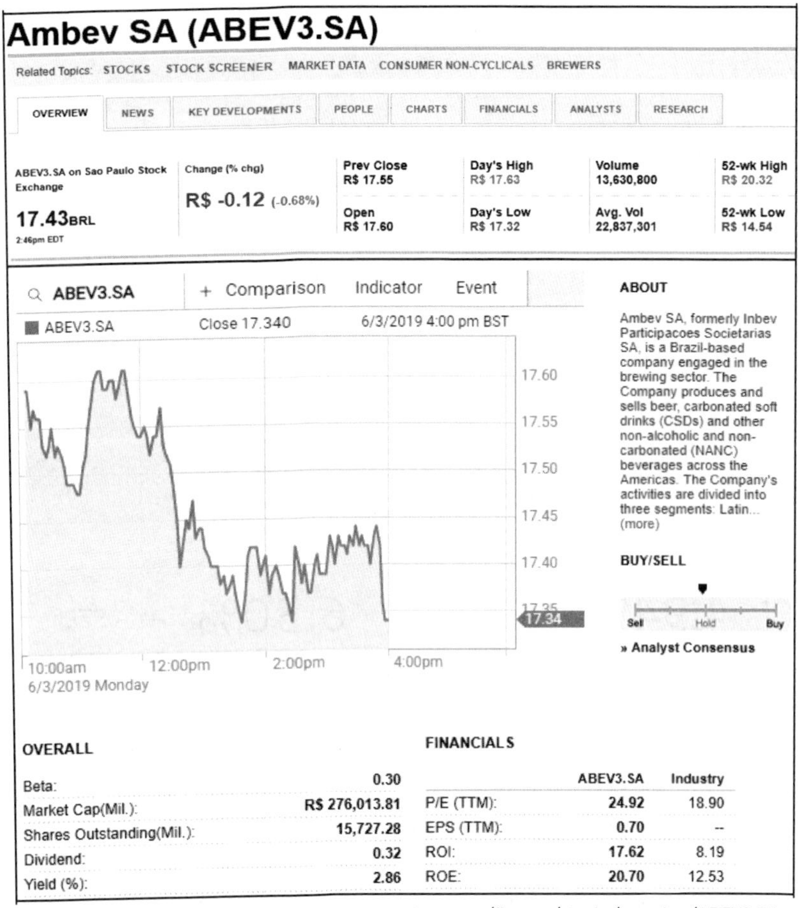

Fonte: Reuters 2019. Disponível em: <www.reuters.com/finance/stocks/overview/ABEV3.SA>. Acesso em: 3 jun. 2019.

Diante dessas informações e considerando o cenário econômico projetado para a inflação e para a taxa Selic apresentado na figura 8, pode-se determinar a taxa mínima de atratividade (TMA) para várias combinações de fontes de recursos.

Figura 8
Taxa Selic vigente em junho de 2019

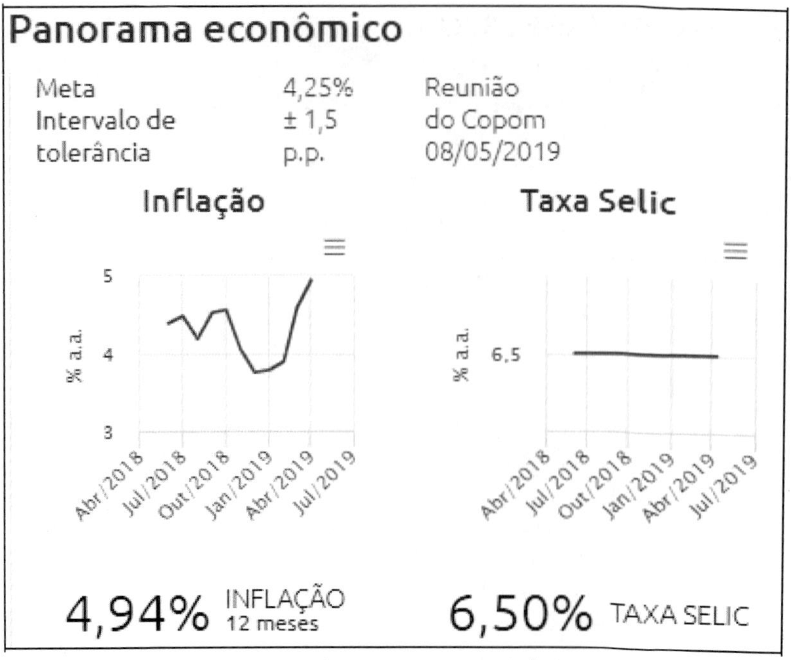

Fonte: Banco Central do Brasil. Disponível em: <www.bcb.gov.br/> Acesso em: 3 jun. 2019.

Supondo um projeto a ser desenvolvido na empresa Ambev S.A. com recursos próprios, dos acionistas, a taxa mínima de retorno (TMA) que o projeto deve ter é de 8,31% ao ano.

TMA = i livre de risco (Selic) + [β × (Exm – Selic)]
TMA = 6,5% + [0,30 × (12,53% – 6,5%)]
TMA = 8,31% a.a.

Supondo agora um projeto a ser desenvolvido na Ambev S.A. (enquadrada no regime fiscal de lucro real) com recursos de terceiros, dívidas, considerando um CET de 9% ao ano, a taxa mínima de retorno (TMA) que o projeto deve ter é de 5,85% ao ano.

$Part_t$ = $Part_t$ antes do IR × (1 – IR)
$Part_t$ = 9% × (1 – 35%)
$Part_t$ = 5,85% a.a. = TMA

Supondo ainda um projeto a ser desenvolvido na Ambev S.A. (enquadrada no regime fiscal de lucro real) combinando recursos próprios, dos acionistas, com recursos de terceiros, dívidas, seguindo a estrutura de capital apresentada na figura 6, a taxa mínima de retorno (TMA) que o projeto deve ter é de 7,01% ao ano.

CMPC = $\Sigma K_t \times Part_t$
CMPC = (8,31% × R$ 36.414.895.000,00 ÷ R$ 96.905.532.000,00) + (5,85% × R$ 60.490.637.000,00 ÷ R$ 96.905.532.000,00)
CMPC = 3,12% + 3,65%
CMPC = 6,77% a.a.

A tabela 14 apresenta as diferentes TMAs considerando as três alternativas de *funding* disponíveis para um projeto hipotético a ser desenvolvido na empresa Ambev S.A.

Tabela 14

TMA de projetos segundo alternativa de *funding*

Funding	**TMA (% a.a.)**
Recursos próprios, acionistas (ΣK_t)	8,31%
Recursos de terceiros, dívidas ($Part_t$)	5,85%
Capital próprio e de terceiros (CMPC)	6,77%

A tabela 15 apresenta o critério para decisão (aceitar ou rejeitar) de viabilidade econômico-financeira de projetos, considerando as três alternativas de *funding* disponíveis para um projeto hipotético a ser desenvolvido na empresa Ambev S.A.

Tabela 15
Critério para aceitação ou rejeição de projetos segundo alternativa de *funding*

Funding	TIR do projeto (% a.a.)	Decisão
Recursos próprios (ΣK_t)	≥ 8,31%	Aceitar
	< 8,31%	Rejeitar
Recursos de terceiros ($Part_t$)	≥ 5,85%	Aceitar
	< 5,85%	Rejeitar
Capital próprio e de terceiros (CMPC)	≥ 6,77%	Aceitar
	< 6,77%	Rejeitar

Observe que, como o capital de terceiros ($Part_t$) é mais barato que o capital próprio (ΣK_t), o CMPC foi puxado para baixo em função da participação das dívidas no projeto.

Empresa com indicador de risco (β) alto

Tomemos como exemplo o caso da empresa Petrobras, cujas informações contábeis públicas estão apresentadas a seguir, nas figuras 9 e 10.

Figura 9

Identificação e dados econômico-financeiros da empresa Petrobras

PETROLEO BRASILEIRO S.A. PETROBRAS

Principal Relatórios Estruturados Informações Relevantes Eventos Corporativos Histórico de Cotações

Atualizado em 03/06/2019, às 02h15

Dados da Companhia

Nome de Pregão:	PETROBRAS
Códigos de Negociação:	Mais Códigos PETR3; PETR4
CNPJ:	33.000.167/0001-01
Atividade Principal:	Petróleo. Gás E Energia
Classificação Setorial:	Petróleo. Gás e Biocombustíveis / Petróleo. Gás e Biocombustíveis / Exploração. Refino e Distribuição
Site:	www.petrobras.com.br

Cotação

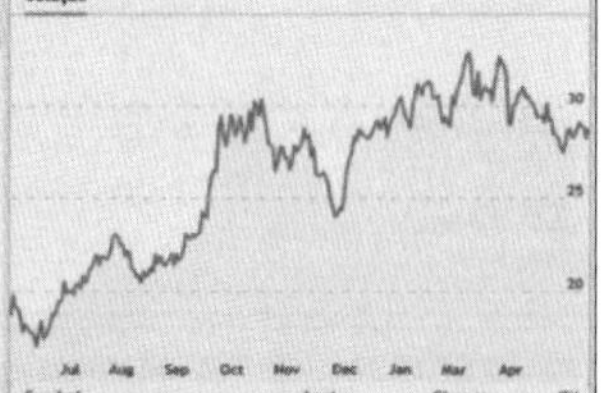

Symbol	Last	Change (%)
PETR3	28.83	+0.60 (+2.13%)
PETR4	25.95	+0.40 (+1.57%)

Dados Econômico-Financeiros - R$ - mil

Balanço Patrimonial - Consolidado	31/03/2019	31/12/2018
Ativo Imobilizado, Investimentos e Intangível	731.347.000	631.389.000
Ativo Total	949.087.000	860.473.000
Patrimônio Líquido	289.031.000	283.543.000
Demonstração do Resultado - Consolidado	**01/01/2019 a 31/03/2019**	**01/01/2018 a 31/03/2018**
Receita de Venda	79.999.000	74.461.000
Resultado Bruto	26.424.000	26.773.000
Resultado de Equivalência Patrimonial	496.000	511.000
Resultado Financeiro	(8.147.000)	(7.246.000)
Resultado Líquido das Operações Continuadas	4.240.000	7.125.000
Lucro (Prejuízo) do Período	4.240.000	7.125.000

Fonte: Bovespa. Disponível em: <www.b3.com.br/pt_br/produtos-e-servicos/negociacao/renda-variavel/empresas-listadas.htm> Acesso em: 3 jun. 2019.

Figura 10
Indicadores financeiros e de risco da Petrobras

Fonte: Reuters. Disponível em: <www.reuters.com/finance/stocks/overview /PETR4.SA>. Acesso em: 3 jun. 2019.

Diante dessas informações e considerando o cenário econômico projetado para a inflação e para a taxa Selic, apresentado na figura 8, pode-se determinar a taxa mínima de atratividade (TMA) para várias combinações de fontes de recursos.

Supondo um projeto a ser desenvolvido na empresa Petrobras com recursos próprios, dos acionistas, a taxa mínima de retorno (TMA) que o projeto deve ter é de 32,24% ao ano.

TMA = i livre de risco (Selic) + [β × (Exm – Selic)]
TMA = 6,5% + [2,28 × (17,79% – 6,5%)]
TMA = 32,24% a.a.

Supondo agora um projeto a ser desenvolvido na Petrobras (enquadrada no regime fiscal de lucro real) com recursos de terceiros, dívidas, considerando um CET de 11% ao ano, a taxa mínima de retorno (TMA) que o projeto deve ter é de 7,15% ao ano.

$Part_t$ = $Part_t$ antes do IR × (1 – IR)
$Part_t$ = 11% × (1 – 35%)
$Part_t$ = 7,15% a.a. = TMA

Supondo ainda um projeto a ser desenvolvido na Petrobras (enquadrada no regime fiscal de lucro real) combinando recursos próprios, dos acionistas, com recursos de terceiros, dívidas, seguindo a estrutura de capital apresentada na figura 9, a taxa mínima de retorno (TMA) que o projeto deve ter é de 14,79% ao ano.

CMPC = Σ K_t × $Part_t$
CMPC = (32,24% × R$ 289.031.000.000,00 ÷ R$ 949.087.000.000,00) + (7,15% × R$ 660.056.000.000,00 ÷ R$ 949.087.000.000,00)
CMPC = 9,82% + 4,97%
CMPC = 14,79% a.a.

A tabela 16 apresenta as diferentes TMA considerando as três alternativas de *funding* disponíveis para um projeto hipotético a ser desenvolvido na empresa Petrobras.

Tabela 16
TMA de projetos segundo alternativa de *funding*

Funding	TMA (% a.a.)
Recursos próprios, acionistas (ΣK_t)	32,24%
Recursos de terceiros, dívidas ($Part_t$)	7,15%
Capital próprio e de terceiros (CMPC)	14,79%

A tabela 17 apresenta o critério para decisão (aceitar ou rejeitar) de viabilidade econômico-financeira de projetos, considerando as três alternativas de *funding* disponíveis para um projeto hipotético a ser desenvolvido na empresa Petrobras.

Tabela 17
Critério para aceitação ou rejeição de projetos segundo alternativa de *funding*

Funding	TIR do projeto (% a.a.)	Decisão
Recursos próprios (ΣK_t)	≥ 32,24%	Aceitar
	< 32,24%	Rejeitar
Recursos de terceiros ($Part_t$)	≥ 7,15%	Aceitar
	< 7,15%	Rejeitar
Capital próprio e de terceiros (CMPC)	≥ 14,79%	Aceitar
	< 14,79%	Rejeitar

Observe que, como o capital de terceiros ($Part_t$) é mais barato que o capital próprio (ΣK_t), o CMPC foi puxado para baixo em função da participação das dívidas no projeto.

Impactos do indicador de risco (β) na TMA dos projetos

Considerando os dados apresentados das empresas Ambev S.A (risco baixo) e Petrobras (risco alto), o impacto do indicador de risco (β) na TMA dos projetos é apresentado na tabela 18.

Tabela 18

Impacto do indicador de risco (β) na TMA dos projetos

Funding	Ambev S.A.		Petrobras	
	TIR do projeto (% a.a.)	Decisão	TIR do projeto (% a.a.)	Decisão
Recursos próprios (ΣK_t)	≥ 8,31%	Aceitar	≥ 32,24%	Aceitar
	< 8,31%	Rejeitar	< 32,24%	Rejeitar
Recursos de terceiros ($Part_t$)	≥ 5,85%	Aceitar	≥ 7,15%	Aceitar
	< 5,85%	Rejeitar	< 7,15%	Rejeitar
Capital próprio e de terceiros (CMPC)	≥ 6,77%	Aceitar	≥ 14,79%	Aceitar
	< 6,77%	Rejeitar	< 14,79%	Rejeitar

Observa-se que, para aceitar projetos nas duas empresas, as TMA exigem diferentes TIR mínimas por tipo de *funding*, conforme mostrado na tabela 19.

Tabela 19

TIR mínima para aceite de projetos

Funding	TIR Ambev	TIR Petrobras
Recursos próprios (ΣK_t)	8,31% a.a.	32,24% a.a.
Recursos de terceiros ($Part_t$)	5,85% a.a.	7,15% a.a.
Capital próprio e de terceiros (CMPC)	6,77% a.a.	14,79% a.a.

Os resultados apresentados na tabela 19 evidenciam que, para essa simulação, as exigências nos projetos da Petrobras são maiores do que nos da Ambev.

Outro aspecto importante a ser considerado é o efeito do tempo sobre a capacidade de realização do capital investido. Essa questão é parte da análise de mérito de aplicação do capital em determinado projeto. Porém, para isso, o projeto deve cumprir as etapas naturais de elaboração e seguir para as diferentes análises de cumprimento, como assinalamos a seguir.

Tipos de análise de projetos

Segundo Correia Neto (2009), a AVP é composta por três tipos de análises parciais que, na realidade, constituem um processo analítico único: análise de solidez, análise de consistência e análise de mérito.

Análise de solidez

A análise de solidez tem por objetivo determinar se o projeto se apresenta completo em todas as suas etapas e anexos, sem erros fundamentais e se há coerência entre as conclusões de cada etapa. Por meio dela, é possível identificar alguns erros fundamentais que podem prejudicar significativamente a avaliação do projeto. A solidez do projeto é considerada favorável quando se identificam alguns itens apresentados, tais como:

- resumo descritivo e apresentação da empresa e do projeto;
- produtos e mercado;
- engenharia e serviços de fábrica;
- aspectos administrativos e técnicos;
- recursos humanos;
- estimativas de custos de capital;
- orçamento, prognóstico e contabilidade;
- impostos e aspectos legais;
- análise financeira e resumo da posição financeira atual e prevista; e,
- anexos.

Vencida essa etapa, o projeto deverá ser submetido à análise de consistência, descrita a seguir.

Análise de consistência

A proposta dessa análise é averiguar a metodologia utilizada na elaboração dos estudos. A intenção, nesse caso, é identificar a credibilidade das fontes e dados, o tratamento operacional e a consistência entre as diversas etapas de elaboração. Assim, analisam-se os métodos aplicados aos estudos técnico, econômico, estratégico e financeiro, utilizando-se o rigor científico pertinente a cada um.

Aprovado nessa condição, o projeto de aplicação dos capitais, próprios ou de terceiros, segue para a análise de mérito, cuja descrição encontra-se a seguir.

Análise de mérito

Finalmente, após as anteriores, procede-se à análise de mérito, que se destina a avaliar a oportunidade do empreendimento. Desta feita, consideram-se os benefícios gerados e os custos imputados às etapas, bem como as possibilidades alternativas de obtenção de melhores resultados com os mesmos custos em outros projetos. Essa análise permite aos empreendedores e financiadores decidir sobre a implantação e execução do projeto. A decisão baseia-se na estimativa de indicadores de viabilidade financeira que refletem as diferentes dimensões de retorno do capital a ser investido. Entre os principais indicadores estão o prazo de retorno do capital (conhecido como *payback*), o valor presente líquido (VPL), a taxa interna de retorno (TIR) e o índice de lucratividade (IL). Os movimentos financeiros de um projeto são representados em termos de fluxos de caixa, ou seja, em fluxos futuros esperados de recebimentos e pagamentos de caixa. A avaliação desses fluxos consiste, em essência, na comparação dos valores presentes, calculados segundo o regime de juros compostos a partir de uma dada taxa de juro, das saídas e entradas de caixa. Caro leitor, cada indicador e suas respectivas dimensões será apresentado, discutido e exemplificado na seção a seguir.

Aqui vale observar a influência do tempo sobre o valor do poder de realização dos capitais investidos. Entendendo que um projeto tem a pressuposição básica de manter e ampliar o poder de compra do investidor, recuperando e aumentando seu nível original de liquidez, é importante considerar o efeito do tempo sobre o valor do dinheiro. Se o ambiente econômico em que o projeto se desenvolverá reflete potencial inflacionário ou deflacionário, deve-se levar em conta o ajuste das expectativas dos montantes a serem transitados, garantindo-se o poder de compra original do investidor. Diante disso é preciso estabelecer a magnitude da distorção causada, por exemplo, pela inflação e descontá-la dos valores previstos. Isso é necessário porque a previsão dos valores parte do presente para o futuro e ignora a presença da inflação por dentro dos valores esperados. Com isso, as projeções de cada período ficam superestimadas e não podem ser comparadas com o valor do investimento para efeito de avaliação do desempenho do projeto. Ao promover o "desconto" da distorção, tem-se medida apropriada da competência do projeto.

Ainda é preciso notar que o "desconto" não é uma mera subtração de um determinado valor de distorção. Como ela se acumula em regime composto, ou seja, inflação sobre inflação a cada período, a operação que se deve realizar é uma decomposição dessa distorção. A maneira de realizar isso é aplicar, sobre o valor monetário esperado para o período, a taxa de desconto que considera a inflação e os períodos acumulados de inflação. Nesse contexto, todos os valores são convertidos para o momento presente, podendo ser acumulados, e sua somatória pode ser comparada com o valor do investimento inicial. A satisfação no resultado dependerá do custo de oportunidade do capital, segundo a origem dos recursos, seja própria ou de terceiros.

Neste capítulo, entendemos os aspectos inerentes às origens dos capitais e sua influência na elaboração do projeto. Agora, podemos avançar para outro assunto pertinente à elaboração de projetos: as dimensões de retorno de um investimento e sua ordem de importância na AVP, como será visto na sequência.

4
Dimensões e indicadores de retorno na AVP

Antes de abordar especificamente os indicadores, é válido discutir o pensamento sobre as diferentes dimensões do retorno dos capitais investidos em projetos. Ocorre que essa expectativa pode ser identificada em várias dimensões: a temporal, a monetária, a relativa e a efetiva. Neste capítulo, apresentamos as dimensões e os respectivos indicadores de mérito.

Dimensão tempo

Todas as relações humanas estão sujeitas ao tempo, sejam elas sociais, técnicas, econômicas, administrativas, financeiras ou contábeis. Essa importância dada ao tempo é principal pelo fato de que ele é considerado uma variável "estoque", ou seja, decrescente à medida que indivíduos ou empreendimentos o utilizam. Nesse contexto, todos têm expectativas e oportunidades que alcançam do curto ao médio prazo. Exceção se faz ao projeto como um todo, cujo horizonte temporal pode se estender ao longo prazo. Diante disso, é elevado o interesse que os investidores têm sobre o dimensionamento do tempo de retorno dos capitais a serem investidos nos projetos.

Cumprindo, pois, o interesse em estimar o referido tempo de retorno, estima-se o período de *payback* – (PPB) a partir das expectativas de ganhos e gastos assinalados em um projeto. Especificamente, o PPB representa o número de períodos necessários para que o investimento realizado seja recuperado, ou seja, o período em que a soma acumulada das entradas de caixa iguala-se ao investimento realizado no início do projeto. A seguir, apresenta-se um exemplo do cálculo do PPB em condições simples (PPBS), ou seja, não foi considerada a influência do tempo sobre o poder de compra do dinheiro.

Exemplo 1

Uma empresa considera a realização de um projeto de investimentos com seis anos de duração. O prazo que ela suporta para recuperação do investimento é de quatro anos. A partir dos valores dos fluxos de caixa anuais, estime o PPBS do projeto.

Anos	0	1	2	3	4	5	6
Fluxo Investim	-$400.000						
Fluxo Operac		+$80.000	$90.000	$120.000	$130.000	$100.000	$70.000

Anos	0	1	2	3	4	5	6
Fluxo Investim	-$400.000						
Fluxo Operac		+$80.000	$90.000	$120.000	$130.000	$100.000	$70.000
Fluxo Caixa Acumulado	-$400.000	-$320.000	-$230.000	-$110.000	$20.000	$120.000	$190.000

PPBS:

t	$
3 =>	110.000
x =>	0
4 =>	20.000

PPBS:

$$\frac{4-3}{20.000-(-110.000)} = \frac{x-3}{0-(-110.000)}$$

x = 3,80 anos = 45,60 meses

Como se pode observar pelo exemplo, o PPB estimado a partir dos dados do projeto se dará em quase quatro anos ou pouco mais de 45 meses. Nesse momento, observa-se que o fluxo de caixa acumulado passa de um valor negativo (– $ 110.000) para positivo (+ $ 20.000). Nesse intervalo, o fluxo se torna nulo (valor zero), o que significa que o investimento foi recuperado.

Para reforçar a ideia, apresenta-se um exercício de fixação resolvido, diferente do exemplo pelo fato da existência de previsão de valor residual no final do período projetado. Esse resíduo pode ser devido à venda de ativos fixos cuja vida útil ainda tenha valor no mercado.

Exercício 1

Um determinado projeto exige um investimento inicial de R$ 650.000,00, tem horizonte temporal de seis anos e os fluxos de investimento e operacional assinalados a seguir. Ao final do período, estima-se um valor residual de R$ 300.000,00. Determine o período de *payback* simples (PPBS).

Anos	0	1	2	3	4	5	6
F Investimento	-$650.000						$300.000
F Operacional		$115.000	$126.500	$139.150	$153.065	$168.372	$185.209

Anos	0	1	2	3	4	5	6
F Investim (A)	-$650.000						$300.000
F Operac (B)		$115.000	$126.500	$139.150	$153.065	$168.372	$185.209
F Acumulado C = A + B	-$650.000	-$535.000	-$408.500	-$269.350	-$116.285	$52.087	$537.295

PPBS:

t	$
4 =>	-116.285
x =>	0
5 =>	52.087

PPBS:

$$\frac{5-4}{52.087-(-116.285)} = \frac{x-4}{0-(-116.285)}$$

x = 4,69 anos = 56,29 meses

Como o leitor pode observar, o cálculo do PPBS revela que o investimento será recuperado pelo fluxo de caixa acumulado entre o quarto e o quinto anos. Para aumentar a precisão da estimativa, utiliza-se uma interpolação linear, a qual revela que a recuperação efetiva ocorrerá próxima a 4,7 anos ou 56 meses.

Dessa maneira, pode-se determinar o número de períodos em que o acúmulo de caixa se iguala ao investimento, determinando-se o período de *payback* descontado (PPBD). Uma última observação sobre a taxa a ser utilizada no desconto é que ela pode conter, além da previsão inflacionária periódica, expectativas de risco e de ganho líquido que o investidor deseja, de modo a representar, pelo conjunto, a TMA para o empreendimento.

A seguir, leitor, apresentam-se um exemplo de situação com o PPBD e um exercício de fixação. Aproveite para comparar o resultado com o cálculo do *payback* simples e observe a variação dos resultados. Com isso, ficará mais fácil a compreensão da diferença entre os dois indicadores e de sua importância para a análise de viabilidade do projeto.

Exemplo 2

Uma empresa considera a realização de um projeto de investimentos com seis anos de duração. O prazo que ela suporta para recuperação do investimento é de quatro anos. Considerando uma TMA de 10% ao ano, estime o PPBD do projeto.

Anos	0	1	2	3	4	5	6
FInvestimento	-$400.000						
FOperacional		$80.000	$90.000	$120.000	$130.000	$100.000	$70.000

⇩ **DESCONTO** ⇩

Anos	0	1	2	3	4	5	6
FInvest Desc	-$400.000						
FOperac Desc		$72.727	$74.380	$90.158	$88.792	$62092	$39.513

Anos	0	1	2	3	4	5	6
FInvest Desc A	-$400.000						
FOperac Desc B		$72.727	$74.380	$90.158	$88.792	$62092	$39.513
F Ac Desc C = A + B	-$400.000	-$327.273	-$252.893	-$162.735	-$73.943	-$11.851	$27.662

PPBS: **t** **$**
5 =>- 11.851
x => 0
6 => 27.662

PPBS:

$$\frac{6-5}{27.662-(-11.851)} = \frac{x-5}{0-(-11.851)}$$

x = 5,30 anos = 63,60 meses

Note que, comparativamente ao primeiro exemplo, o tempo para recuperação do capital a ser investido aumentou de quase quatro anos para mais de cinco anos devido ao ajuste dos valores pela TMA. Esse efeito também pode ser observado no exercício de fixação a seguir.

Exercício 2

Um determinado projeto exige um investimento inicial de R$ 650.000,00, tem horizonte temporal de seis anos e os fluxos de investimento e operacional assinalados a seguir. Ao final do período, estima-se um valor residual de R$ 300.000,00. Considerando uma TMA de 15% ao ano, determine o período de *payback* descontado do projeto (PPBD).

Anos	0	1	2	3	4	5	6
FInvestimento	-$650.000						$300.000
FOperacional		$115.000	$126.500	$139.150	$153.065	$168.372	$185.209

Anos	0	1	2	3	4	5	6
FInvestimento	-$650.000						$300.000
FOperacional		$115.000	$126.500	$139.150	$153.065	$168.372	$185.209

⇩ **DESCONTO** ⇩

Anos	0	1	2	3	4	5	6
F Investimento	-$650.000						$129.698
F Operacional		$100.000	$95.652	$91.493	$87.515	$83.711	$80.071

Anos	0	1	2	3	4	5	6
F Investim (A)	-$650.000						$129.698
F Operac (B)		$100.000	$95.652	$91.493	$87.515	$83.711	$80.071
F Acumulado C = A + B	-$650.000	-$550.000	-$454.348	-$362.854	-$275.339	-$191.628	$18.141

PPBS: t	$
5 =>	- 191.628
x =>	0
6 =>	18.141

PPBS:

$$\frac{6 - 5}{18.141 - (-191.628)} = \frac{x - 5}{0 - (-191.628)}$$

x = 5,91 anos = 70,96 meses

À semelhança do exemplo, no exercício de fixação a estimativa de *payback* aumentou quando se considerou a distorção do poder de compra do dinheiro no tempo, indo de pouco mais de quatro anos para quase seis anos.

A dúvida que fica é quando se deve estimar o *payback* simples ou o descontado. A resposta é que depende da magnitude da expectativa de distorção que o ambiente econômico realizará, seja por inflação ou deflação. Se a distorção esperada for próxima de zero, o erro acumulado na estimativa do *payback* será mínimo e não comprometerá, de forma significativa, o resultado. Nesse caso, o *payback* simples pode ser adotado. Caso contrário, para grandes distorções esperadas, o adequado é o *payback* descontado, que ajusta melhor as expectativas e os resultados. Como regra de segurança, o ideal é sempre estimar o descontado, pois aumenta a acurácia dos resultados.

Dimensão ganho monetário

Outra dimensão de retorno do capital investido em um projeto se refere ao valor monetário envolvido baseado na expectativa de que o capital recuperado ao final do horizonte temporal será maior que o investido inicialmente. Essa é a dimensão do VPL.

Especificamente, o VPL representa o valor envolvido no período inicial do projeto, considerando os fluxos de investimento e operacional, descontados pela TMA dos capitais próprios e de terceiros. Operacionalmente, é obtido pela soma do valor descontado e acumulado do fluxo de caixa livre do projeto (Correia Neto, 2009).

Logo, o método do VPL para a análise dos fluxos de caixa de um projeto é obtido pela diferença entre o valor presente dos benefícios (ou pagamentos) previstos em regime de caixa e o valor presente do fluxo de caixa inicial (valor do investimento, do empréstimo ou do financiamento).

Após estimado o VPL, o passo seguinte é a tomada de decisão sobre a implantação do investimento. Nesse contexto, a avaliação é feita observando-se os critérios a seguir:

1) VPL > 0, ou seja, quando o fluxo acumulado de caixa supera o investimento, o projeto é aceito e indicado para a implantação. Isso significa que o capital investido será recuperado, que a remuneração do investimento supera a TMA desejada

pelo investidor e que o projeto gera um ganho de riqueza no presente. Essa é a situação desejada pelo investidor e pelos interessados no projeto (*stakeholders*).

2) VPL = 0, ou seja, quando o fluxo acumulado de caixa é igual ao investimento, o projeto pode ser aceito ou não. Nesse caso, a indiferença se explica pelo fato de que os valores monetários previstos em esforços e resultados são equivalentes. Admitindo que todos os esforços de investimento e de operação, bem como os resultados operacionais, tenham sido considerados, a equivalência entre ambos mostra que o projeto cumpre sua função de gerar o benefício financeiro, sem deixar déficit ou superávit para o investidor. Porém, há sempre a possibilidade de que algo não tenha sido previsto e, por conta disso, o resultado matemático obtido não corresponda à verdade. Esse lapso corresponde ao que se convencionou chamar de racionalidade limitada. Ela reflete que, por maior que seja o conhecimento de um analista sobre um assunto, algo ainda pode escapar à sua percepção, mascarando os efeitos e os resultados reais do projeto. É o risco associado ao conjunto "tudo – 1". Inclusive, quanto maior o desconhecimento do analista, maior é o número subtraído do "tudo".
3) VPL < 0, ou seja, o fluxo acumulado de caixa previsto é inferior ao investimento exigido. Assim, o projeto é rejeitado, pois não demonstra suficiência dos resultados operacionais para cobrir o esforço dos investimentos e da operação. Para o investidor, o projeto não é interessante, pois não cobre a TMA desejada. Diante disso, deve ser revisto em estrutura, ambiente ou estratégia e/ou aguardar por um momento mais adequado para sua realização.

Correia Neto (2009) observa que a estimativa do VPL exige que os valores periódicos esperados para o fluxo acumulado de caixa sejam descontados, a exemplo do PPBD, visto anteriormente. Isso se deve ao fato de que a comparação é feita em termos de valores no momento presente (data zero), quando se realizam investimentos e gastos pré-operacionais. A TMA desejada pelo investidor é utilizada como coeficiente de desconto para ajustá-los às estimativas periódicas de valores para o presente. Com isso, fluxo acumulado de caixa e o investimento ficam na mesma base monetária e podem ser comparados, gerando VPL positivo, nulo ou negativo e permitindo a decisão sobre o projeto.

Estabelecidos os critérios de avaliação e os detalhes de cálculo, apresentam-se, a seguir, um exemplo e um exercício de fixação sobre a estimativa, análise e decisão sobre o projeto, utilizando o VPL.

Exemplo 3

Uma empresa considera a realização de um projeto de investimentos com seis anos de duração. O prazo que ela suporta para recuperação do investimento é de quatro anos. Considerando uma TMA de 10% ao ano, estime o VPL do projeto.

Anos	0	1	2	3	4	5	6
FInvestimento	-$400.000						
FOperacional		$80.000	$90.000	$120.000	$130.000	$100.000	$70.000

Anos	0	1	2	3	4	5	6
FInvest Desc A	-$400.000						
FOperac Desc B		$72.727	$74.380	$90.158	$88.792	$62.092	$39.513
F Ac Desc C = A + B	-$400.000	-$327.273	-$252.893	-$162.735	-$73.943	-$11.851	$27.662

O resultado evidencia que o projeto, ao final do horizonte temporal pretendido, gera um excedente em relação ao valor do investimento. No caso, o projeto mostra capacidade de recuperar os \$ 400.000 investidos e ainda realiza um superávit de \$ 27.662. Diante disso, segundo os critérios de decisão, ele pode ser aceito para a implantação.

Exercício 3

Um determinado projeto exige um investimento inicial de R\$ 650.000,00 e tem vida útil estabelecida em seis anos. A seguir, são apresentados os fluxos de investimento e operacional esperados ao longo de sua vida útil. Ao final do período, estima-se um valor residual de R\$ 300.000,00. Considerando uma TMA de 15% ao ano, determine o VPL do projeto.

Anos	0	1	2	3	4	5	6
FInvestimento	-\$650.000						\$300.000
FOperacional		\$115.000	\$126.500	\$139.150	\$153.065	\$168.372	\$185.209

Anos	0	1	2	3	4	5	6
FInvestimento	-\$650.000						\$300.000
FOperacional		\$115.000	\$126.500	\$139.150	\$153.065	\$168.372	\$185.209

DESCONTO

Anos	0	1	2	3	4	5	6
FC Investim (A)	-\$650.000						\$129.698
FC Operac (B)		\$100.000	\$95.652	\$91.493	\$87.515	\$83.711	\$80.071
F Acumulado C = A + B	-\$650.000	-\$550.000	-\$454.348	-\$362.854	-\$275.339	-\$191.628	\$18.141

Aproveitando o ensejo, leitor, segue mais um exercício para reforçar o conceito, praticar o cálculo e realizar a análise da situação proposta.

Exercício extra

A projeção de um empreendimento imobiliário mostra o fluxo financeiro abaixo. Diante de uma expectativa de TMA de 3,5% ao ano, esse empreendimento seria viável, pelo ponto de vista do VPL?

Anos	0	1	2	3	4	5
FInvestimento	-$550.000	-$350.000				+$100.000
FOperacional		+$85.000	+$122.000	+$178.000	+$205.000	+$285.000

Resposta: o investimento não será viável, pois o VPL mostra-se negativo. Isso indica que a remuneração prevista não supera a expectativa de ganho do investidor segundo a TMA.

Dimensão ganho relativo

Outra maneira de avaliar o retorno de um projeto é por meio da dimensão intrínseca ao próprio projeto, ou seja, o desempenho que, por construção, ele oferece. Nesse aspecto, o indicador é a TIR. Essa taxa representa, em percentual, os benefícios inerentes ao projeto. Também pode ser interpretada como a taxa de desconto que faz com que o somatório dos valores presentes das entradas de caixa se iguale ao somatório dos valores presentes das saídas de caixa, resultando em um VPL nulo. Nesse contexto, ela reflete o equilíbrio entre o valor do investimento e o valor acumulado do fluxo de caixa.

Segundo Correia Neto (2009), a TIR é a taxa de juro (desconto %) que iguala, num determinado momento do tempo, o valor presente das entradas (recebimentos) com o das saídas (pagamentos) previstas em regime de caixa. Geralmente, adota-se a data de início da operação (momento zero) como a data base de comparação dos fluxos de caixa. Normalmente, o fluxo de caixa no momento zero (fluxo de caixa inicial) é representado pelo valor do investimento, ou empréstimo, ou financiamento; os demais fluxos de caixa indicam os valores das receitas ou desembolsos devidos.

O objetivo de se estimar a TIR é que ela serve como um identificador do potencial do projeto e permite que investidores a comparem com suas TMAs e decidam aceitar ou recusar o empreendimento proposto. Assim, ao comparar ambos, TIR e TMA, podem ser percebidas três situações:

1) quando TIR > TMA => VPL > 0 => projeto aceito;
2) quando TIR = TMA => VPL = 0 => indiferença ao projeto;
3) quando TIR < TMA => VPL < 0 => projeto rejeitado.

O exemplo, a seguir, ilustra a determinação da TIR para a situação de avaliação de viabilidade econômica que vem sendo conduzida desde o início.

Exemplo 4

Uma empresa considera a realização de um projeto de investimentos com seis anos de duração. O prazo que ela suporta para recuperação do investimento é de quatro anos. Diante dos dados, estime a TIR do projeto.

Anos	0	1	2	3	4	5	6
FInvestimento	-$400.000						
FOperacional		$80.000	$90.000	$120.000	$130.000	$100.000	$70.000

$$VPL = 0 = \frac{-400.000}{(1+TIR)^0} + \frac{80.000}{(1+TIR)^1} + \ldots + \frac{70.000}{(1+TIR)^6} \ldots \Rightarrow TIR = 12{,}30\%$$

Diante da complexidade de calcular a TIR sem o apoio de uma calculadora financeira, pode-se utilizar um método empírico que permita sua estimativa. Utilizando-se o método que estima o VPL, busca-se a taxa que resulta em VPL nulo. A taxa que possibilita isso representa a TIR do projeto.

Um exemplo da aplicação desse método por aproximação é apresentado a seguir.

Ex.: TMA = 10% =>

$$VPL = \frac{-400.000}{(1+10\%)^0} + \frac{80.000}{(1+10\%)^1} + \ldots + \frac{70.000}{(1+10\%)^6} = +\$\ 27.662$$

TMA = 15% => VPL = - $ 29.171

...

TMA = 12,30% => VPL = 0 => TIR = 12,30%

Para fortalecer o conceito e a forma de se estimar a TIR, segue o exercício desenvolvido desde o início do capítulo 3, desta feita abordando a TIR de um projeto.

Exercício 4

Um determinado projeto exige um investimento inicial de R$ 650.000,00 e tem vida útil estabelecida em seis anos. A seguir são apresentados os fluxos de investimento e operacional esperados ao longo da sua vida útil. Ao final do período, estima-se um valor residual de R$ 300.000,00. Diante dos dados, estime a TIR do projeto.

Anos	0	1	2	3	4	5	6
FInvestimento	-$650.000						$300.000
FOperacional		$115.000	$126.500	$139.150	$153.065	$168.372	$185.209

Assim, segue mais um exemplo da estimativa pelo método empírico. Como se pode observar, o primeiro passo é estimar o VPL a partir dos dados fornecidos. Em seguida, começam as simulações com diferentes taxas até que haja o encontro do VPL nulo. Assim, chega-se à TIR.

Exercício extra

Um determinado projeto exige um investimento inicial de R$ 550.000,00, tem vida útil de seis anos e valor residual de R$ 100.000,00. O valor presente líquido, para uma TMA de 1,5% ao ano, é de R$ 68.195,00. Diante dessas informações, estime a TIR utilizando o método de aproximação do VPL.

TMA	VPL
1,5%	68.195
2,5%	45.335
3,5%	23,707
4,5%	3,231
5,5%	-16.168

TMA	VPL
4,5%	3,231
4,6%	1,244
4,7%	-732
...	...
4,6629%	0

O leitor pode observar que, utilizando diferentes TMA, os VPL foram estimados até que se obteve um intervalo em que o valor nulo (zero) do VPL foi alcançado. Nesse caso, a TMA igual a 4,5% ao ano sinalizou VPL de +R$ 3.231,00 e a TMA igual a 5,5% sinalizou VPL de –R$ 16.168,00. Ou seja, entre um e outro está o VPL igual a zero. A partir da identificação desses limites, foram aplicadas novas TMAs internas a esse intervalo e estimados os VPLs correspondentes. Isso foi desenvolvido até que o VPL igual a zero fosse encontrado, nesse caso com a TMA igual a 4,6629% ao ano. Essa TMA é aquela que corresponde à TIR do projeto. Como se pode notar, o processo manual, ainda que mais trabalhoso, também permite estimar a TIR.

Aqui, leitor, vale uma lembrança: a TMA representa o esforço do projeto para mostrar sua competência. Dessa forma, quanto maior ela for, menor será o VPL. Assim, para obter o VPL nulo basta estimá-lo inicialmente com uma TMA desejada e, na sequência, repetir o processo aplicando TMAs cada vez maiores até identificar o intervalo de transição. Finalmente, por dentro dele, identificar aquela que "zera" o VPL.

Um aspecto que ainda precisa ser considerado na abordagem sobre a TIR é a possibilidade de um projeto apresentar fluxos de caixa negativos e positivos, ditos não convencionais, ao longo do horizonte temporal previsto. A TIR tradicional costuma ser utilizada no caso de fluxos positivos. Quando os fluxos negativos são esperados, é recomendável que seja utilizada a TIR modificada, explicada a seguir.

TIR modificada

Considerando que a TIR pressupõe o reinvestimento dos valores do fluxo de caixa à própria TIR, isso pode resultar em taxas "sub" ou superestimadas. Além disso, pode haver múltiplas taxas de retorno, ou mesmo ser(em) indeterminada(s), dependendo do fluxo de caixa do projeto. Diante disso, a alternativa é a estimação da TIR modificada (TIRM).

A TIRM possibilita trabalhar com taxas de desconto diferentes para fluxos de caixa positivos e negativos no mesmo projeto, ao longo do tempo. De modo geral, ela pressupõe que os fluxos de caixa positivos são reinvestidos ao custo de capital da empresa (TMA) e que os fluxos de caixa negativos são descontados e incluídos no investimento inicial, a uma taxa de financiamento externa, compatível com a empresa. Nesse caso, pode-se também usar o custo de aquisição de capital da empresa junto aos investidores financeiros.

Como o leitor pode observar, é possível utilizar duas taxas diferentes na estimativa da TIRM: uma para o capital próprio (TMA) e outra para o capital de terceiros (CAP). Isso torna a TIRM mais próxima da realidade do projeto, admitindo que os fluxos negativos seriam financiados pelo mercado financeiro.

De forma operacional, para os fluxos negativos, utiliza-se a taxa de financiamento para descontar os fluxos negativos para o valor presente. Já para os fluxos positivos, utiliza-se a TMA do capital próprio do investidor para compor o valor futuro. Nesse caso, utiliza-se principalmente a taxa mínima de atratividade (TMA). Com isso, elimina-se a desvantagem da pressuposição de aplicação dos fluxos do projeto à própria TIR, algo irreal para o investidor.

A estimação da TIRM tem por premissa gerar um fluxo de caixa com apenas dois valores: um fluxo negativo no período inicial (zero) e outro fluxo positivo no último período do horizonte temporal do projeto. Para isso, a TIRM desconta para o presente todos os valores de caixa negativos previstos do projeto, estimando o valor atual do caixa (VAC), e leva todos os valores positivos para o futuro, obtendo o valor terminal (VT). Feito isso, estima-se a TIRM da seguinte forma:

$$TIRM = \frac{VT}{VAC} - 1$$

Para facilitar o entendimento, Prates (2017) oferece dois exemplos de projetos cujos fluxos de caixa previstos são não convencionais.

Exemplo a

Período	Caixa projetado
0	-1.000
1	1.000
2	1.000
3	1.000
4	-2.000

Neste projeto, a taxa utilizada para a estimativa da TIRM será a mesma tanto para os caixas negativos quanto para os positivos, equivalendo a 20% ao período.

Diante disso, têm-se:

a) os fluxos de caixa negativos do projeto, ao custo de capital da empresa (TMA), no valor atual ou data zero, expressando o valor atual do caixa (VAC).

$$VAC = 1.000 + 2.000 \times (1 + 0{,}2)^{-4} = 1.964{,}51$$

b) os fluxos de caixa positivos do projeto para o final do quarto ano, também a TMA, determinando o valor terminal (VT).

$$VT = 1.000 \times (1 + 0{,}2)^{3} + 1.000 \times (1 + 0{,}2)^{2} + 1.000 \times \times (1 + 0{,}2)^{1} = 4.368{,}00$$

Finalmente, após a estimativas de ambos, podemos calcular a TIRM, como segue:

$$(1 + TIRM)^{4} = \frac{4.368}{1.964{,}51}$$

$$TIRM = \left[\frac{4.368}{1.964{,}51}\right]^{(1/4)} - 1$$

$$TIRM = 22{,}11\%$$

Prates (2017) assinala que, como a TIRM calculada é maior do que a TMA de 20%, o projeto é considerado aceito segundo esse critério.

Exemplo b

Na análise do projeto apresentado por Prates (2017) e expresso a seguir, foram utilizadas a TMA para os caixas positivos e outra taxa para os caixas negativos, esta correspondente ao custo financeiro de captação dos recursos no mercado financeiro. Nesse caso, 25% por período. Segue a demonstração do projeto e as estimativas da sua TIRM:

Período	Caixa
0	-1.000
1	1.000
2	-800
3	2.500
4	-2.000

a) descontando os fluxos negativos a valor presente:

$$VAC = 1.000 + 800 \times (1 + 0,25)^{-2} + 2.000 \times (1 + 0,25)^{-4} = 2.331,20$$

b) compondo os fluxos positivos a valor futuro:

$$VT = 1.000 \times (1 + 0,2)^{3} + 2.500 \times (1 + 0,2)^{1} = 4.728,00$$

A TIRM do projeto será:

$$(1 + TIRM)^{4} = \frac{4.728}{2.331,20}$$

$$TIRM = \left[\frac{4.728}{2.331,20}\right]^{(1/4)} - 1$$

$$TIRM = 19,34\%$$

Como a TIRM calculada é menor do que a TMA de 20%, o projeto é rejeitado segundo esse critério.

Dimensão efetividade

A última dimensão de retorno é a de efetividade do retorno, representada, desta feita, pelo índice de lucratividade (IL). Ele permite avaliar o índice de retorno relativo por unidade monetária aplicada no projeto, em termos de valores presentes. Nesse caso, não importa se é para investimento ou se é resultante do movimento de caixa. Efetivamente, o IL indica quantas unidades monetárias são geradas por unidade monetária desembolsada e pode ser interpretado como o desempenho financeiro efetivo do projeto. O cálculo é dado pela relação entre o somatório dos valores presentes dos fluxos de caixa positivos e o somatório dos valores presentes dos fluxos de caixa negativos, em módulo. A seguir, apresenta-se o exemplo de cálculo do IL.

Exemplo 5

Uma empresa considera a realização de um projeto de investimentos com seis anos de duração. O prazo que ela suporta para recuperação do investimento é de quatro anos. Considerando uma TMA de 10% ao ano, estime o IL do projeto.

Anos	0	1	2	3	4	5	6
FInvest Desc A	-$400.000						
FOperac Desc B		$72.727	$74.380	$90.158	$88.792	$62.092	$39.513

$$\textbf{IL} = \frac{72.727 + 74.380 + 90.158 + 88.792 + 62.092 + 39.513}{400.000} = \textbf{1,07}$$

O cálculo demonstra que, para cada unidade monetária desembolsada no projeto, seriam recuperados sete centavos, ou seja, haveria uma efetividade de 7%.

Para reforçar a contribuição do IL, apresenta-se o exercício 5 de fixação, que revela a forma de cálculo.

Exercício 5

Um determinado projeto exige um investimento inicial de R$ 650.000,00 e tem vida útil estabelecida em seis anos. A seguir, são apresentados os fluxos de investimento e operacional esperados ao longo da sua vida útil. Ao final do período, estima-se um valor residual de R$ 300.000,00. Considerando uma TMA de 15% ao ano, estime a IL do projeto.

Anos	0	1	2	3	4	5	6
FInvestimento	-$650.000						$300.000
FOperacional		$115.000	$126.500	$139.150	$153.065	$168.372	$185.209
FOperac Desc		$100.000	$95.652	$91.493	$87.515	$83.711	$209.769

$$IL = \frac{100.000 + ...+ ... + 209.769}{650.000} = \mathbf{1,03}$$

Observa-se que o IL desse projeto, estimado a partir do fluxo operacional descontado, é de 1,03. Isso significa que para cada 1 unidade monetária desembolsada, o projeto retornará 1,03 unidade monetária, ou seja, um resultado de 3%.

Restrições ao uso da TIR para AVP

John Maynard Keynes estabeleceu, na década de 1930, uma nova fase do pensamento sobre investimentos quando publicou a *Teoria geral do emprego, do juro e da moeda*, colocando o investimento no epicentro do crescimento da economia. A partir dessa realidade keynesiana, o investimento passou a despertar interesse e expectativas nos âmbitos político, corporativo e até social. A TIR é um critério controverso e muito utilizado por profissionais das mais diversas áreas que tomam decisões de AVP, pois permite interpretar facilmente os resultados na forma de i%. Também tem sido um importante indicador para balizar as decisões de investimentos, pois oferece uma lógica clara ao decisor que, geralmente, a compara com taxas de aplicações livres de risco – títulos do governo.

Visão completa da análise do projeto

Para que se possa ter a percepção da análise de viabilidade do projeto como um todo, apresenta-se um exercício com várias informações cujo objetivo é permitir a avaliação de forma integral.

Um empreendimento cuja vida útil estimada é de cinco anos necessitará de ativos fixos que totalizam R$ 500.000,00. O capital de giro necessário é de R$ 250.000,00.

O estudo de mercado indica as seguintes receitas operacionais anuais:

Contas/Ano	1	2	3	4	5
Receitas	750.000	750.000	850.000	900.000	900.000

No que se refere às despesas operacionais fixas, o valor no primeiro ano é de R$ 150.000,00, com um crescimento esperado de 3,5% ao ano. Em termos de despesas variáveis, estima-se que sejam equivalentes a 30% das receitas operacionais anuais.

Quanto aos custos de produção, a previsão é de que os custos diretos sejam 15% das receitas geradas em cada ano e os indiretos de R$ 75.000,00 no ano 1, com crescimento de 3% ao ano.

Os ativos fixos serão depreciados em 10% ao ano, de forma linear para efeito de recomposição do capital original.

A alíquota de imposto de renda é de 30% sobre o lucro antes do imposto de renda (Lair).

O resultado operacional anual decorre da soma do lucro líquido e da depreciação, cujo valor permaneceu em caixa.

Ao final do ano 5 o valor residual dos ativos fixos será de R$ 285.000,00 e do capital de giro R$ 250.000,00.

Os recursos de terceiros serão de R$ 150.000,00, captados a 11% ao ano, e os próprios a 14% ao ano.

De posse dessas informações:

1) Estabeleça o fluxo de caixa anual acumulado do projeto.
2) Estime os valores dos indicadores de mérito.
3) Analise a viabilidade do projeto.

Contas/Ano	0	1	2	3	4	5
Investimento AF	(500.000)	0	0	0	0	0
Investimento CG	(250.000)	0	0	0	0	0
Receitas	0	750.000	750.000	850.000	900.000	900.000
Desp Fixas	0	(150.000)	(155.250)	(160.684)	(166.308)	(172.128)
Desp Variáveis	0	(225.000)	(225.000)	(255.000)	(270.000)	(270.000)
Custos Produtivos	0	(187.500)	(189.750)	(207.068)	(216.955)	(219.413)
. diretos	0	(112.500)	(112.500)	(127.500)	(135.000)	(135.000)
. indiretos	0	(75.000)	(77.250)	(79.568)	(81.955)	(84.413)
Depreciação AF	0	(50.000)	(50.000)	(50.000)	(50.000)	(50.000)
LAIR	0	137.500	130.000	177.249	196.738	188.458
Imposto Renda	0	(41.250)	(39.000)	(53.175)	(59.021)	(56.538)
Lucro Líquido	0	96.250	91.000	124.074	137.716	131.921
Result Operac	0	146.250	141.000	174.074	187.716	181.921
Valor Resid AF	0	0	0	0	0	285.000
Valor Resid CG	0	0	0	0	0	250.000
Fluxo Acumulado	(750.000)	146.250	141.000	174.074	187.716	716.921

Pela composição do capital e pelas remunerações esperadas, calcula-se que o CMPC é igual a 13,4% ao ano. Baseado nessa informação e nos dados do fluxo de caixa acumulado, estimam-se os principais indicadores de mérito. Os resultados obtidos são:

- VPL = R$ 103.800,00
- TIR = 17,61% a.a.
- IL = 1,14

Como se pode observar, o projeto mostra-se viável nas condições de aplicação projetadas para os capitais.

Oferecemos ao leitor as técnicas de AVP considerando o conceito, o método e a utilização dos indicadores de mérito, quais sejam o prazo de retorno do capital (*payback*), o valor presente líquido (VPL), a taxa interna de retorno (TIR) e o índice de lucratividade (IL). Estimados os indicadores de mérito, o passo seguinte é analisar o conjunto e decidir pelo projeto mais interessante de uso do capital disponível para investimento. Apresentaremos essa discussão no capítulo a seguir.

5
Incerteza, risco e decisão pela AVP

A decisão e a escolha de um projeto exigem que sejam também considerados os aspectos de incerteza e risco a ele associados. Este é o tema da discussão que apresentaremos ao leitor neste capítulo.

Aspectos de mérito em projetos

Inicialmente, sobre a análise de projetos em si, vale lembrar que Barbosa (2005) afirma que não adianta conhecer a rentabilidade dos investimentos em carteira se não há recursos próprios ou financiamentos disponíveis. A análise dos investimentos deverá utilizar critérios financeiros que refletirão os efeitos desses investimentos na situação financeira da empresa, considerando apenas os fatores conversíveis em dinheiro. Já os aspectos imponderáveis, tais como manutenção do nível de emprego e o bom relacionamento com um cliente ou fornecedor são, em geral, analisados pela alta administração da empresa.

Noro (2012), por sua vez, observou que a tríplice restrição é formada por custo, prazo e qualidade, os três principais elementos que influenciavam a tomada de decisão para o gerenciamento de projetos. Porém, o uso de apenas esses três elementos é questionado por Atkinson (1999). O autor enfatiza que essa análise básica pode gerar divergências na avaliação de alguns projetos, destacando que devem ser levados em conta outros fatores e resultados, que dependem do desempenho dos projetos. Baseado nisso, sugere a consideração dos elementos alternativos, realçados na figura 11.

Figura 11

Critério alternativo para sucesso em projetos

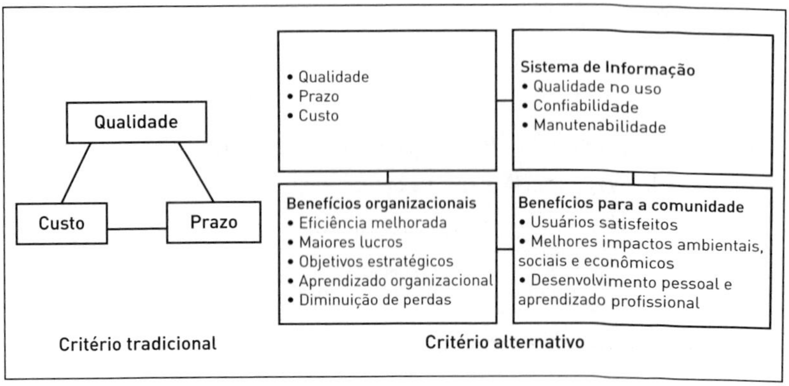

Fonte: Atkinson (1999).

Noro (2012) constata a preferência, na tomada de decisão na gestão de projetos, pelo modelo alternativo proposto por Atkinson (1999). Segundo Noro, esse modelo facilita a AVP pelas empresas, mesmo quando não possuem um departamento especializado em análise de projetos. Isso as ajuda a obter crescimento e a conquistar espaços em mercados competitivos.

Contribuindo para a discussão, Cohen e Grahan (2005) sugerem uma abordagem alternativa, baseada no negócio da empresa, que considera, além do custo e cronograma, fatores relacionados aos interesses da empresa nos mercados. A figura 12 apresenta os elementos contemplados na abordagem baseada na tripla restrição e na visão de negócios. Nota-se que, nesta última, os elementos estratégia e valor econômico passam a fazer parte da AVP.

Figura 12
Abordagem da tripla restrição *versus* abordagem com visão de negócios

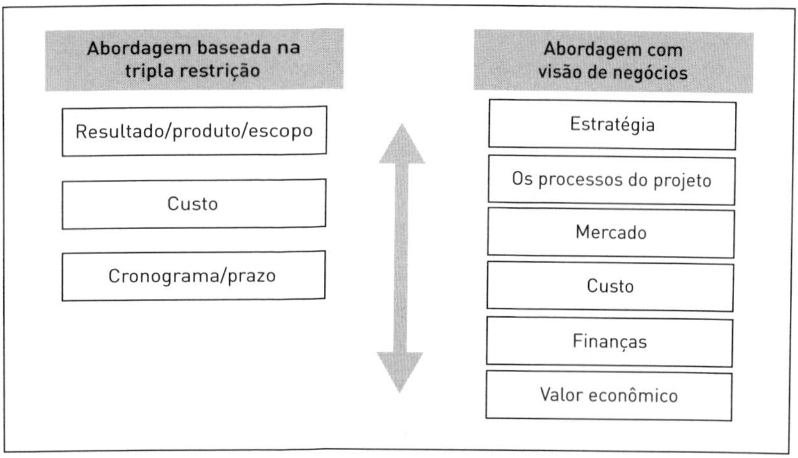

Fonte: Cohen e Grahan (2005).

Decisão pelos indicadores de mérito da AVP

A visão ampla identifica que projetos viáveis refletem *payback* determinado dentro do horizonte temporal previsto, VPL positivo, TIR determinada e positiva e IL acima de 1.

A questão que se estabelece é, entre vários projetos com esses desempenhos, qual deve ser escolhido ou qual deve ser a ordem de implantação? A resposta a essas questões passa pela definição de qual indicador é o mais significativo para a decisão.

Como salientado anteriormente, o tempo de retorno do investimento é muito relevante para a consideração. Porém, não é o principal para decidir. Para isso, leitor, é preciso refletir sobre o objetivo de um projeto quanto ao capital empregado. A pressuposição é que ele capture liquidez, transformando-a em ativos imobilizados em condições operacionais e, ao final do horizonte temporal, retorne à liquidez original ampliada pela contribuição da própria operação. Diante disso, o indicador mais importante para a decisão quanto ao projeto mais interessante ou para a ordenação de projetos equivalentes em tempo é o VPL, uma vez que ele estima o ganho de riqueza possível a partir de cada proposição. Enfatizando: o VPL é o indicador que define o interesse pelo projeto, ou seja, quanto maior, mais interessante será a aplicação dos recursos na proposta, comparativamente a outras. Vale observar que essa utilização é recomendada para projetos que pleiteiem os mesmos capitais disponíveis (sem restrição monetária), cuja TMA seja a mesma e em condições temporais equivalentes.

Em várias situações aponta-se o uso da TIR como indicador principal. Contudo, é preciso lembrar que ela representa VPL nulo, ou seja, que o capital investido é apenas recuperado, mas sem ganhos sobre ele. Assim, ainda que projetos distintos tenham TIR distintas, todos estão demonstrando a mesma condição: VPL nulo. Como citado, a TIR permite ao investidor comparar sua expectativa de TMA e avaliar se, diante dela, haveria ganhos de capital. Caso a TIR seja maior que a TMA, o projeto reflete ganhos e pode ser escolhido. Assim, diante da comparação de projetos cujas condições sejam equivalentes e cujos VPL e TIR sejam conhecidos, a decisão deve sempre ser conduzida pelo VPL. Esse mesmo raciocínio se aplica ao IL.

De fato, o *payback*, a TIR e o IL servem como elementos secundários para o desempate, no caso de projetos com VPLs semelhantes. Para melhor ilustrar essa situação de seleção ou ordenação de projetos, oferecemos o exemplo a seguir.

Uma empresa analisa cinco propostas de investimentos, para capitais disponíveis, sem restrição monetária. Considerando uma TMA de 2% ao mês, estime o VPL e a TIR de cada um e ordene as propostas pelo ponto de vista do interesse de execução.

Mês	A	B	C	D	E
0	-500.000	-750.000	-1000.000	-1.100.000	-1.350.000
1	50.000	60.000	60.000	80.000	100.000
2	50.000	60.000	60.000	81.000	100.000
3	50.000	60.000	60.000	82.000	100.000
4	50.000	60.000	60.000	83.000	100.000
5	50.000	60.000	60.000	84.000	100.000
6	50.000	60.000	60.000	85.000	100.000
7	50.000	60.000	60.000	86.000	100.000
8	50.000	60.000	60.000	87.000	100.000
9	50.000	60.000	60.000	88.000	100.000
10	50.000	60.000	60.000	89.000	100.000
11	50.000	60.000	60.000	90.000	100.000
12	250.000	300.000	450.000	600.000	600.000

Resposta:

Estimando o VPL e a TIR de cada um, chega-se aos resultados:

Projeto	A	B	C	D	E
VPL	186.466	73.759	(57.967)	203.041	101.781
TIR	6,56%	3,29%	1,26%	4,19%	2,96%

Observando os resultados, chega-se à conclusão de que o projeto D é o mais interessante por ter o maior VPL, ainda que não aponte a maior TIR. Além disso, considerando as viabilidades evidentes, a ordem de execução seria D, A, E e B. Na medida em que os projetos avaliados tem o mesmo horizonte temporal, a mesma TMA e que não há restrição orçamentária, o valor total do investimento seria de $ 3.700.000,00 e o VPL conjunto seria de $ 565.067,00.

O projeto C não seria recomendável pois apresenta VPL negativo. Note que, apesar de a TIR ser positiva, mostra-se inferior à TMA de 2% desejada pela empresa. Se a TMA fosse inferior à TIR (menor que 1,26%), ele também mostraria VPL positivo, ainda que baixo, e entraria no rol dos executáveis.

De certa maneira, ainda que o risco esteja presente na concepção dos projetos de investimento, é preciso esforço para torná-lo mais material e permitir que os investidores o percebam dentro de suas realidades. Diante disso, os aspectos diretos na avaliação de riscos são oferecidos ao leitor, a seguir.

Avaliação em condições de risco

Correia Neto (2009) observa que o conceito de risco está ligado a eventos desfavoráveis diante de uma expectativa estabelecida e utilizada como referencial. Diante disso, quando os resultados desfavoráveis não podem ser identificados de maneira clara e objetiva, constituem apenas possibilidades de ocorrência. Assim, nesse contexto, há incerteza, mas não há risco determinado. Assim, pode-se inferir que todo risco é uma incerteza (objetiva), mas nem toda incerteza é um risco. Isso se explica pela diferença entre eventos possíveis (podem ocorrer, gerando incerteza) e eventos prováveis (podem acontecer e já foram observados).

Nas situações em que se pode estabelecer uma expectativa sobre o comportamento dos eventos analisados, o risco pode ser estimado pelo desvio padrão de um comportamento ao indicar a dispersão desfavorável em relação ao valor esperado de uma variável. O cálculo se realiza da seguinte forma:

$$DP = \sqrt{VAR} = \sqrt{\frac{\sum_{i=1}^{n}(X_i - \overline{X})^2}{n}}$$

em que:

DP = desvio padrão
VAR = variância da estimativa

Xi = observação individual
X = média esperada (esperança)
n = número de observações

Segundo Correia Neto (2009), quanto maior o desvio padrão, mais arriscado se evidencia o investimento proposto pelo projeto. Nesse caso, o valor do desvio, no sentido da condição desfavorável ao comportamento esperado, representa o risco envolvido no evento. Baseado nessa proposição, o desvio favorável representa a oportunidade desse mesmo evento. Isso, leitor, reforça a máxima de que "oportunidade e risco caminham juntos". A figura 13 ilustra essa situação.

Figura 13
Relação oportunidade/risco, diante de uma expectativa média (esperança) sobre determinado evento

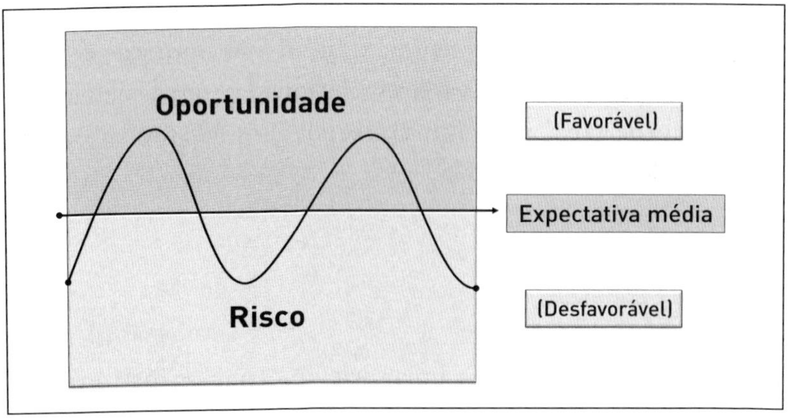

Essa imagem mostra que é necessária uma expectativa sobre o evento em tela e reforça a afirmação convencional de que oportunidade e risco caminham juntos.

Métodos de avaliação considerando risco

Entre os diversos métodos de avaliação de projetos em condições de risco, três podem ser destacados: análise de sensibilidade, análise de cenários e simulação de Monte Carlo.

Análise de sensibilidade

Esse método permite avaliar as alterações nos resultados estimados de um projeto após se promover alteração em uma determinada variável sobre a qual haja alguma incerteza, mantidas as demais variáveis inalteradas. Essa alteração, ao gerar mudança nos estimadores tradicionais de viabilidade (*payback*, VPL, TIR etc.), revela a significância da variável para o projeto. Nesse contexto, a intensidade da mudança (dispersão), no sentido desfavorável em relação à expectativa, representará o risco. Sua limitação é o fato de ignorar a correlação da variável selecionada com as demais, ou seja, a influência recíproca entre elas e, por isso, não revelar o efeito completo de sua variação.

Análise de cenários

O método permite estudar uma série de cenários distintos que o projeto pode enfrentar, considerando a interação e a mudança simultânea entre as variáveis. Em função disso, é considerado um método analítico superior ao da sensibilidade. Normalmente, utilizam-se três cenários: provável, otimista e pessimista. Além disso, costuma-se associar um peso a cada um deles, o que vai ponderar os resultados obtidos pela análise. A restrição a esse método está na proposição (subjetiva) dos cenários provável, otimista e pessimista, bem como na atribuição (arbitrária) das probabilidades de sua ocorrência.

Simulação de Monte Carlo

A simulação de Monte Carlo recebeu esse nome originário do Casino de Monte Carlo, localizado no principado de Mônaco. O método foi desenvolvido plenamente na década de 1940, durante a II Guerra Mundial, quando foi usado como ferramenta para o desenvolvimento dos projetos das bombas atômicas – *fat man* (a base de plutônio) e *little boy* (a base de urânio) – lançadas sobre o Japão (Hiroshima e Nagasaki, em agosto de 1945), para forçar sua rendição. Foi um dos mais impactantes acontecimentos da história humana.

O modelo integra o campo da matemática experimental. Segundo Lustosa, Ponte e Dominas (2004), ele simula experiências fundamentadas com a geração de números aleatórios, com base em parâmetros estabelecidos previamente. Geralmente os parâmetros são extraídos de séries aleatórias e até representadas subjetivamente com o propósito de projetar comportamento de variáveis de risco.

O método de Monte Carlo utiliza simulação de cenários baseados em variáveis cujos valores são gerados aleatoriamente a partir da distribuição probabilística que as representa. A possibilidade de gerar um número elevado de cenários, com as respectivas probabilidades de ocorrência, torna a simulação superior aos métodos descritos anteriormente. Porém é um método exigente em recursos computacionais para se obter a estimativa dos valores esperados do projeto e, por isso, de uso restrito em função de demandar um grande número de simulações – determinado pelo poder de processamento do equipamento usado, dado que o binômio capacidade e tempo de processamento é uma característica fundamental.

Em função dessa restrição, Lustosa, Ponte e Dominas (2004) recomendam que a simulação seja pelo menos replicada mais de 100 vezes a fim de obter uma amostra representativa.

Consideração de risco na AVP

Com a intenção de mostrar a estimativa de risco em um projeto utilizando as análises de sensibilidade e a de cenários, apresenta-se um exemplo simplificado, baseado em Correia Neto (2009).

Uma empresa investe R$ 120.000,00 em um equipamento para produzir um bem que será vendido ao longo dos cinco anos seguintes. A previsão anual de vendas é de 10 mil unidades, ao preço de R$ 10,00 cada. Os custos fixos anuais são de R$ 25.000,00 e os custos variáveis são de R$ 4,00 por unidade. Ao final do período, o equipamento será vendido por R$ 60.000,00. A TMA anual é de 10%.

Diante dessas informações:

a) estime o VPL e a TIR anual e avalie a viabilidade econômico-financeira do projeto;
b) estime o VPL e a TIR anual do negócio, frente a um risco de 10% sobre a previsão de vendas.

Resposta:

Passo 1 – estimativa do VPL e da TIR do projeto básico.

Variável	Valores Base
Quantid vend	10.000 unid
Receita total	100.000
Custos fixos	25.000
Custos variáveis	40.000
Fluxo cxa operac.	35.000

Fluxo Cxa Operac.	Valores Base
0	-120.000
1	35.000
2	35.000
3	35.000
4	35.000
5	95.000
VPL	49.932,82
TIR	22,81%

Observa-se que pelo VPL e pela TIR obtidos, o projeto é considerado viável.

Passo 2 – considerando que o risco foi associado às vendas, o evento desfavorável seria a redução de 10% na quantidade vendida, passando de 10 mil unidades para 9 mil. Diante disso, ajusta-se o cálculo inicial para a situação a seguir:

Variável	-10%
Quantid vend	9.000
Receita total	90.000
Custos fixos	25.000
Custos variáveis	36.000
Fluxo cxa operac.	29.000

Fluxo cxa operac.	-10%
0	-120.000
1	29.000
2	29.000
3	29.000
4	29.000
5	89.000
VPL	27.188,10
TIR	17,04%

Observa-se que, nas condições de risco assinaladas, a quantidade vendida passou para 9 mil unidades, afetando a receita total e os custos variáveis. Em decorrência, o valor do fluxo de caixa acumulado também foi alterado. Como resultado dessas mudanças, o VPL e a TIR mostraram redução significativa. Apesar disso, o projeto continuou mostrando viabilidade.

Outra possibilidade seria considerar o risco em mais de uma variável, como exemplificado a seguir.

Exemplo:

Um projeto cujo investimento é de R$ 100.000,00 destina-se a sustentar operações por cinco anos. A previsão anual de vendas é de 10.000 unidades, ao preço de R$ 10,00 cada. Os custos fixos anuais previstos são de R$ 20.000,00 no total e o custo variável é de R$ 5,00 por unidade.

Ao final do projeto, o resíduo projetado para o investimento é de R$ 50.000,00. A TMA anual é de 5%. Analise a viabilidade financeira do projeto e estime o impacto de um risco de 10% sobre a previsão de vendas e de 12% sobre os custos de produção.

Resposta:

No contexto de risco apresentado, a quantidade vendida prevista pode ser reduzida de 10 mil para 9 mil unidades e o custo variável passar de R$ 5,00 para R$ 5,60. Assim, o impacto sobre o projeto seria como demonstrado a seguir.

Variável	Valores Base	Risco = 15%
Quantidade	15.000 unid	12.750
Receita total	150.000	127.500
Custos fixos	35.000	35.000
Custos variáveis	60.000	51.000
Fluxo caixa operacional	55.000	41.500

Fluxo de caixa operacional	Valores base	Risco = 15%
0	-120.000	-120.000
1	55.000	41.500
2	55.000	41.500
3	55.000	41.500
4	55.000	41.500
5	105.000	91.500
VPL	119.539	68.363,
TIR	40,56%	27,86%

Novamente, a despeito da forte redução verificada no VPL e na TIR original, o projeto ainda se mostra viável.

No tocante à consideração do risco, ainda vale salientar as observações de Azevedo, Almeida e Silva (2013). Os autores ressaltam a possibilidade do uso do modelo de árvore de decisão na AVP, incorporando as probabilidades na incerteza, os valores na decisão e os retornos sobre os investimentos no final dos projetos. Assim, um processo de decisão representado por uma árvore descreve, por meio dos nós, os momentos no tempo em que o analista deve tomar uma decisão. A figura 14 representa uma árvore de decisão, em que A1 e A2 identificam as alternativas existentes, p a distribuição de probabilidade de ocorrência de cada evento e E os eventos considerados.

Figura 14
Exemplo de árvore de decisão

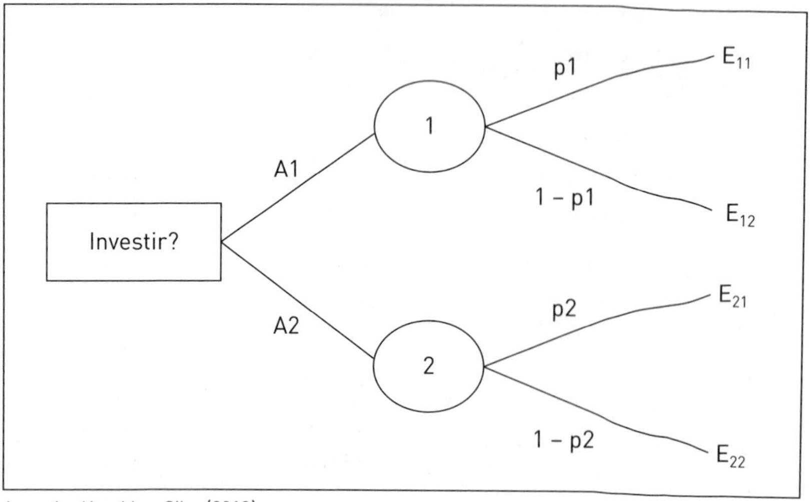

Azevedo, Almeida e Silva (2013).

Entre as vantagens da utilização da árvore de decisão citadas por Azevedo, Almeida e Silva (2013), pode ser elencada a subdivisão do objetivo em metas e submetas. Isso permite ao tomador de decisão conhecer as possibilidades disponíveis e orientar o alcance das metas envolvidas. Dessa forma, esse método torna-se apropriado para empresas que possuem TMAs definidas para os recursos, informações precisas e probabilidades associadas aos eventos em análise. Essa condição favorece a escolha de projetos que maximizem os ganhos de capital e atende aos requisitos das empresas que pretendem incorporar riscos às suas análises de investimentos.

Diante desses aspectos, Stephanou, Müller e Carvalho (2003) acrescentam que o plano de gestão de risco é uma ferramenta efetiva no controle de possíveis riscos, mitigando os aspectos adversos e incertezas que permeiam o ambiente organizacional. Com isso, não só os evita como reduz perdas de tempo e custo. Além disso, cria valor para os processos organizacionais, diminui os níveis de incerteza e gera oportunidades de mercado.

Considerações sobre o uso da TIR e do VPL

Agora que você, leitor, está familiarizado com os métodos de cálculo da TIR e do VPL, vale ressaltar que o processo de AVP é uma das atividades mais cruciais que existem no mundo corporativo e até no âmbito pessoal, pois a decisão de investir é de natureza complexa, porque muitas variáveis incontroláveis entram em cena. Numa visão sistêmica, o fluxo dos investimentos envolve aplicação de recursos (entrada), realização do investimento (processamento) e expectativa de retorno (saídas) na forma de ganhos, receitas e lucros. A avaliação dos ganhos futuros face à aplicação de recursos em relação ao horizonte de tempo é um dos aspectos fundamentais que os investidores se preocupam em calcular.

Uma das questões principais para o decisor é determinar quanto a TIR do investimento deve ser maior do que uma aplicação livre de risco (Selic). O modelo de precificação de ativos financeiros, conhecido pela sigla em Inglês CAPM (*capital asset pricing model*), desenvolvido por Willian Sharpe e John Lintner, em 1964 e 1965, respectivamente, fornece mecanismos que possibilitam ao decisor avaliar o risco sobre o retorno, permitindo, assim, determinar a TIR exigida pelo investidor face ao risco do projeto, representado pelo coeficiente beta (β). Em relação à TIR, tomemos como exemplo um investimento simples, em que o investidor aplica R$ 10.000,00 no momento zero e aufere os seguintes ganhos: n1 = R$ 3.600,00; n2 = R$ 3.900,00 e n3 = R$ 4.300,00.

Nesse caso, diz-se que o fluxo de caixa tem apenas uma inversão de sinal, ou seja, muda de sinal negativo para positivo no momento n1.

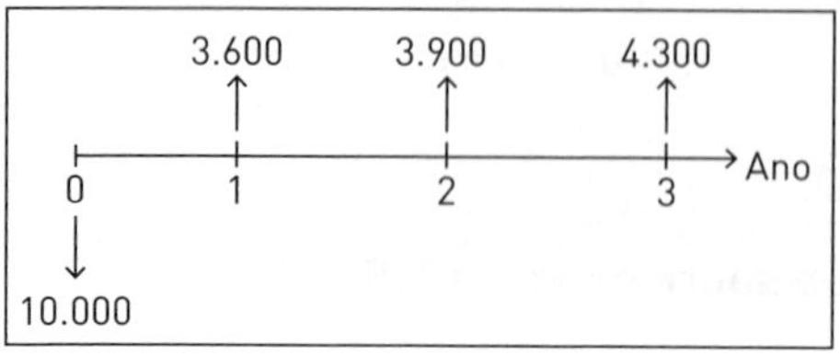

$$\frac{-10.000}{(1+i)^0} = \frac{3.600}{(1+i)^1} + \frac{3.900}{(1+i)^2} + \frac{4.300}{(1+i)^3}$$

A solução da expressão resulta numa única raiz positiva i = 8,49% ao ano. Matematicamente, se o fluxo tiver uma única inversão de sinal, poderá existir somente uma TIR positiva, representando a rentabilidade intrínseca do investimento, apesar de o resultado ser representado por um único número positivo, i = 8,49% ao ano.

Nesse exemplo é fácil diferenciar o ganho pela TIR positiva, em função até da visualização dos movimentos das saídas e entradas nos fluxos de caixa. Em projetos com amplitude temporal maior (vida útil), a visualização pode não ser possível, e a TIR, se usada isoladamente, pode levar a decisões equivocadas na seleção e priorização de projetos.

Apresentamos ao leitor uma das várias restrições existentes ao uso da TIR em decisões de projetos. Uma forma de mitigar tal possibilidade de equívoco na decisão é o uso do VPL, que diferencia ganho de perda com clareza. Adotaremos como taxa de desconto 5% ao ano.

$$VPL_{(solução\ a)} = \frac{-10.000}{(1,05)^0} + \frac{3.600}{(1,05)^1} + \frac{3.900}{(1,05)^2} + \frac{4.300}{(1,05)^3}$$

$$VPL_{(solução\ a)} = 680,49$$

$$VPL_{(solução\ b)} = \frac{10.000}{(1,05)^0} + \frac{-3.600}{(1,05)^1} + \frac{-3.900}{(1,05)^2} + \frac{-4.300}{(1,05)^3}$$

$$VPL_{(solução\ b)} = -680,49$$

Outra restrição em relação ao uso da TIR no processo de AVP é a multiplicidade de taxas (i) em projetos específicos. Tomemos como exemplo hipotético o projeto a seguir:

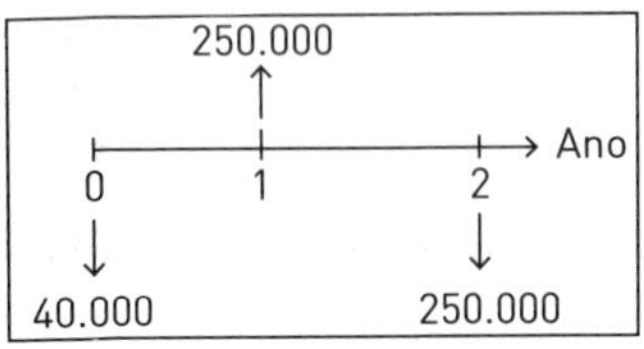

	A	B
1	Ano	Fluxo de caixa
2	0	(40.000)
3	1	250.000
4	2	(250.000)
5	TIR_a	25%
6	TIR_b	400%
7	VPL_a	0
8	VPL_b	0

	A	B
1	Ano	Fluxo de caixa
2	0	(40.000)
3	1	250.000
4	2	(250.000)
5	TIR_a	25%
6	TIR_b	400%
7	VPL_a	=VPL(B5;B2:B4)
8	VPL_b	0

	A	B
1	Ano	Fluxo de caixa
2	0	(40.000)
3	1	250.000
4	2	(250.000)
5	TIR_a	25%
6	TIR_b	400%
7	VPL_a	0
8	VPL_b	=VPL(B6;B2:B4)

Observe que há duas TIRs para o projeto, 25% ao ano e 400% ao ano, ou seja, essas duas taxas anulam o VPL. Matematicamente, existem duas TIRs porque o fluxo muda de sinal duas vezes. Projetos com essa característica podem ter VPL positivo em determinadas faixas de valores de taxa de desconto e VPL negativo em outras faixas.

Se recalcularmos o VPL a uma taxa de desconto de 15% ao ano, obteremos um VPL de –R$ 11.645,00.

VPL =VPL(B5;B3:B4)+B2

	A	B	C	D
1	Ano	Fluxo de caixa		
2	0	(40.000)		
3	1	250.000		
4	2	(250.000)		
5	Taxa de desconto	15%		
6	VPL	=VPL(B5;B3:B4)+B2		

Outra restrição em relação ao uso da TIR é a possibilidade de decisão equivocada em projetos mutuamente excludentes. Tomemos como exemplo os projetos A e B a seguir:

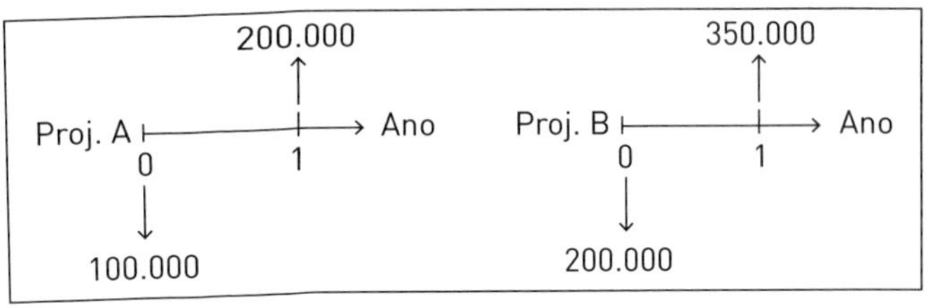

VPL =VPL(C5;E3:E3)+E2

	A	B	C	D	E
1	Ano		Proj. A		Proj. B
2	1		(100.000)		(200.000)
3	2		200.000		350.000
4	TIR		100%		75%
5	Taxa de desconto		15%		
6	VPL		73.913		=VPL(C5;E3:E3)+E2

Desconsiderando o aspecto limitador do capital inicial a ser investido, a TIR aponta o projeto A como melhor opção de investimento (100% ao ano). Entretanto, o VPL aponta para o projeto B como melhor alternativa, VPL R$ 104.348,00, mediante taxa de desconto de 15% ao ano. Qual projeto deve ser selecionado? Para tentar elucidar a questão, aplicaremos, a seguir, várias taxas de desconto aos projetos A e B a fim de analisarmos o comportamento do VPL.

	Taxa de desconto (%)										
	0%	10%	20%	30%	40%	50%	60%	70%	80%	90%	100%
VPL_Proj. A	100.000	81.818	66.667	53.846	42.857	33.333	25.000	17.647	11.111	5.263	-
VPL_Proj. B	150.000	118.182	91.667	69.231	50.000	33.333	18.750	5.882	(5.556)	(15.789)	(25.000)

Calculamos então o VPL dos dois projetos com várias taxas de desconto, de zero a 100% ao ano.

	Taxa de desconto (%)										
	0%	10%	20%	30%	40%	50%	60%	70%	80%	90%	100%
VPL_Proj. A	100.000	81.818	66.667	53.846	42.857	33.333	25.000	17.647	11.111	5.263	-
VPL_Proj. B	150.000	118.182	91.667	69.231	50.000	33.333	18.750	5.882	(5.556)	(15.789)	(25.000)

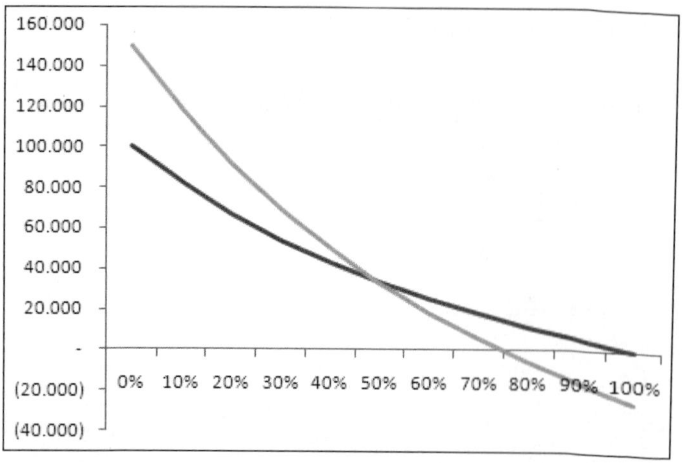

Conforme demonstrado no gráfico, podemos verificar que o projeto B possui VPL superior ao do projeto A, quando a taxa de desconto for inferior a 50% ao ano. Dado o pressuposto que a TIR de um projeto não muda, se A e B forem mutuamente excludentes, o projeto A deve ser aceito pela TIR; porém, dependendo da taxa de desconto adotada, o projeto B pode ser superior.

Outra análise interessante é observar a taxa de juro que zera o VPL dos dois projetos, 100% e 75%, respectivamente para A e B, conforme demonstrado a seguir.

Taxa de desconto (%)

	0%	50%	75%	100%
VPL_Proj. A	100.000	33.333	14.286	-
VPL_Proj. B	150.000	33.333	-	(25.000)

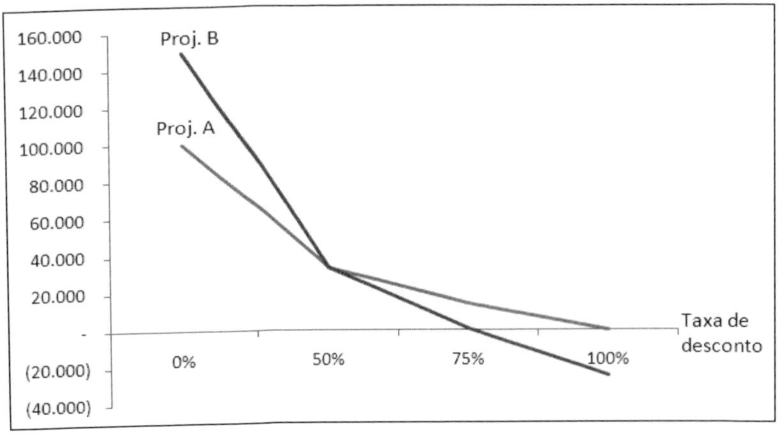

Taxa de desconto	**Conclusão sobre os projetos**
De zero a 50% a.a.	O projeto B é mais atrativo para o investidor.
50% a.a.	Os projetos A e B são igualmente atrativos para o investidor.
Acima de 50% até 75% a.a.	O projeto A é mais atrativo para o investidor.
75% a 100% a.a.	Zeram os VPL dos projetos B e A, respectivamente.

Concluindo, a TIR somente deve ser usada isoladamente por pessoas que conheçam todas as nuanças e armadilhas e saibam como contorná-las; caso contrário, uma decisão aparentemente correta pela ótica da TIR pode diminuir a riqueza do investidor ou até provocar perdas.

Outro aspecto significativo na AVP são os fatores ambientais. A sustentabilidade transgeracional tem se tornado elemento constante na avaliação de projetos de investimentos. Ao leitor entregaremos, no próximo capítulo, algumas reflexões importantes sobre o assunto.

6 Avaliação de impactos ambientais em projetos

Avaliar os impactos ambientais em projetos é uma tarefa de extrema complexidade e suas métricas não são as tradicionais (*payback*, TIR, VPL e IL) e nem sempre monetizáveis. Mesmo assim, é preciso considerá-las nos projetos que têm alcance socioambiental. Ao leitor, apresentamos tal discussão neste capítulo.

Considerações sobre impactos ambientais

Os impactos ambientais a partir da Revolução Industrial, a partir de 1750, provocaram ações e iniciativas envolvendo vários segmentos da sociedade com o objetivo de conscientizar a população e mudar a postura dos indivíduos e das empresas. São inúmeras as ações e iniciativas, entre elas: Conferência da Biosfera (Paris, 1968); Conferência das Nações Unidas sobre Meio Ambiente (Estocolmo, 1972); Eco 92 ou Rio 92 (Rio de Janeiro, 1992); Cúpula Mundial para o Desenvolvimento Sustentável ou Rio + 10 (Johanesburgo, 2002); Painel Intergovernamental sobre Mudanças Climáticas (Paris, 2007) e Relato Integrado promovido pelo International Integrated Reporting Council (IIRC), organização que promove a integração entre as informações financeiras, de sustentabilidade e de governança em relatórios corporativos, lançado mundialmente em 16 de abril de 2013 e, no Brasil, realizado pela BM&FBovespa (B3).

A avaliação de impactos ambientais em projetos está inserida no campo da sustentabilidade, e os trabalhos científicos relacionados ao tema são multidisciplinares. Questões ambientais ganharam relevância no bojo do questionamento do caráter predatório dos sistemas de produção para atender às necessidades de consumo da humanidade. No início da década de 1980, a Organização das Nações Unidas (ONU) retomou o debate das questões ambientais, quando a primeira-ministra da Noruega, Grö Harlem Brundtland, chefiou a Comissão Mundial sobre o Meio Ambiente e Desenvolvimento, para estudar o assunto. O documento final desses estudos chamou-se "Nosso Futuro Comum" ou "Relatório Brundtland". Apresentado em 1987, propõe o desenvolvimento sustentável, isto é, "aquele que atende às necessidades do presente sem comprometer a possibilidade de as gerações futuras atenderem às suas necessidades" (Comissão Mundial sobre Meio Ambiente e Desenvolvimento, 1991:114).

O termo sustentabilidade é cada vez mais usado como um guia para o futuro da humanidade, principalmente pelas empresas que precisam apresentar aos *stakeholders* projetos sustentáveis, também no âmbito da complexa relação entre empresa e meio ambiente

O termo *stakeholder* foi usado pela primeira vez pelo filósofo Robert Edward Freeman (Freeman e Reed, 1984), que se refere a qualquer pessoa ou entidade que afeta, que é afetada ou tem interesse por uma empresa.

Um conceito importante foi introduzido por Elkington (1997), em seu trabalho *Cannibals with forks: the triple botton line of 21st century business*, quando cunhou o termo *triple botton line* ao criticar o modelo de negócios tradicional, em que somente se consideravam fatores econômicos e financeiros na mensuração dos processos de produção.

A dimensão ambiental da sustentabilidade empresarial é um fator importante na avaliação de projetos. É muito raro encontrar uma empresa que não cite o termo sustentabilidade em seus manuais, políticas de negócios e até propaganda. Apesar das importantes contribuições de autores e instituições de pesquisas, mensurar a interferência dos projetos sobre a biosfera é uma tarefa complexa.

Daly (1996), um dos ideólogos da teoria da sustentabilidade, sugeriu três condições básicas para definição dos limites sustentáveis e dos fluxos de materiais e de energia de um sistema que podem ser avaliados em projetos:

- Primeira condição da sustentabilidade: a velocidade de uso da fonte de recursos renováveis (R) não deve superar a velocidade de regeneração desses recursos. Por exemplo, a pesca torna-se insustentável quando os peixes são apanhados em uma quantidade maior do que sua capacidade de reprodução.
- Segunda condição da sustentabilidade: a velocidade de uso da fonte de recursos não renováveis (N) não deve superar a velocidade de desenvolvimento do substituto renovável (R). Por exemplo, um campo de petróleo poderia ser utilizado de forma sustentável se uma parcela dos recursos financeiros de sua exploração fosse investida em geração de energia de fontes R e plantio de árvores, de forma que, quando o petróleo se exaurisse, uma fonte de energia R suficiente ainda estaria disponível para as atividades de produção e consumo.
- Terceira condição da sustentabilidade: a emissão de poluentes (ou de resíduos) não deve superar a capacidade de absorção da biosfera. Como exemplo, o esgoto não pode escoar para um rio, lago ou reservatório subterrâneo com maior rapidez do que as bactérias e demais organismos conseguem absorver seus nutrientes, sem que eles próprios pressionem e desestabilizem o ecossistema aquático.

À medida que observar essas condições se tornou obrigatório para as empresas, os projetos empresariais passaram a internalizá-las e a considerar seus impactos, tanto na complexidade da elaboração quanto na viabilidade dos investimentos.

A seguir, selecionamos três ferramentas que auxiliam o gestor de projetos na obtenção de métricas para mensuração dos impactos ambientais nos projetos. Essas devem ser usadas como instrumentos complementares às técnicas tradicionais (*payback*, TIR, VPL e IL) a fim de ampliar o processo de mensuração de riscos no plano ambiental.

Princípios do Investimento Responsável da ONU (PRI)

A procura dos investidores por projetos sustentáveis e rentáveis foi também observada pela ONU, quando desenvolveu um filtro socioambiental denominado PRI para auxiliar os investidores a decidir por projetos e empresas comprometidas com o meio ambiente. O apoio combinado do Pacto Global da ONU, de iniciativa da United Nation Environmental Programme (UNEP), tem ajudado a tornar os PRI um conjunto das melhores práticas globais para o investimento responsável.

Os PRI começaram no início de 2005, quando o então secretário-geral da ONU, Kofi Annan, convidou os principais investidores do mundo para integrar um processo de desenvolvimento dos princípios. Representantes dos investidores e da comunidade acadêmica participaram em conjunto com a coordenação pela UNEP e Pacto Global da ONU. Os PRI foram lançados em abril de 2006 na Bolsa de Valores de Nova York pelo secretário-geral da ONU (UNEP, 2008).

As questões ambientais impactam negativamente o desempenho dos investimentos. Os PRI fornecem uma estrutura para auxiliar os investidores a avaliarem tais questões. São voluntários e não prescritivos, fornecem uma variedade de ações possíveis para incorporar as questões relativas ao meio ambiente, sociedade e governança à tendência atual de tomada de decisões em investimentos e práticas de detenção de ativos financeiros.

Segundo a UNEP (2008), as instituições signatárias dos PRI se comprometem com os seguintes princípios básicos:

- incorporar questões de natureza ambiental, social e governança corporativa (ASG) nas análises de projetos, nos processos de tomada de decisão e nas práticas de detenção de ativos de investimentos;
- buscar a transparência adequada nas empresas em relação às questões de ASG;
- promover a aceitação e implementação dos PRI no conjunto de investidores institucionais;
- divulgar atividades e progressos em relação à implementação dos PRI.

Segundo PRI (2019), há no planeta 2.255 signatários e a participação do Brasil está apresentada na tabela 20.

Tabela 20
Signatários dos PRI

	Total de signatários	**Brasil**
Investidores	1.584	25
Gestores de investimentos	409	15
Empresas de serviços	262	9
Total	**2.255**	**49**

Fonte: PRI (2019).

A incorporação de variáveis ASG nas análises de projetos representa alinhamento com o compromisso dos grandes investidores institucionais do mundo de investir em projetos sustentáveis. São considerados investidores institucionais a União e instituições como bancos, seguradoras, fundos de investimento, fundos de pensões e outras entidades que invistam no mercado de capitais, geralmente movimentando grandes quantidades de recursos, objetivando retorno em longo prazo.

Lei nº 6.938 (Política Nacional do Meio Ambiente – PNMA)

A Lei nº 6.938, de 31 de agosto de 1981, alterada pela Lei nº 10.165, dispõe sobre a Política Nacional do Meio Ambiente (PNMA), seus fins e mecanismos de formulação e aplicação (Brasil, 1981):

> Art. 2º. A Política Nacional do Meio Ambiente tem por objetivo a preservação, melhoria e recuperação da qualidade ambiental propícia à vida, visando assegurar, no país, condições ao desenvolvimento socioeconômico, aos interesses da segurança nacional e à proteção da dignidade da vida humana, atendidos os seguintes princípios:
> I - ação governamental na manutenção do equilíbrio ecológico, considerando o meio ambiente como um patrimônio público a ser necessariamente assegurado e protegido, tendo em vista o uso coletivo;
> II - racionalização do uso do solo, do subsolo, da água e do ar;
> III - planejamento e fiscalização do uso dos recursos ambientais;
> IV - proteção dos ecossistemas, com a preservação de áreas representativas;
> V - controle e zoneamento das atividades potencial ou efetivamente poluidoras;
> VI - incentivos ao estudo e à pesquisa de tecnologias orientadas para o uso racional e a proteção dos recursos ambientais;
> VII - acompanhamento do estado da qualidade ambiental;

VIII - recuperação de áreas degradadas;
IX - proteção de áreas ameaçadas de degradação;
X - educação ambiental a todos os níveis do ensino, inclusive a educação da comunidade, objetivando capacitá-la para participação ativa na defesa do meio ambiente.

Algumas definições são previstas na Lei nº 6.938/1981 (Brasil, 1981):

Art. 3º. Para os fins previstos nesta Lei, entende-se por:
I - meio ambiente, o conjunto de condições, leis, influências e interações de ordem física, química e biológica, que permite, abriga e rege a vida em todas as suas formas;
II - degradação da qualidade ambiental, a alteração adversa das características do meio ambiente;
III - poluição, a degradação da qualidade ambiental resultante de atividades que direta ou indiretamente:
a) prejudiquem a saúde, a segurança e o bem-estar da população;
b) criem condições adversas às atividades sociais e econômicas;
c) afetem desfavoravelmente a biota;
d) afetem as condições estéticas ou sanitárias do meio ambiente;
e) lancem matérias ou energia em desacordo com os padrões ambientais estabelecidos;
IV - poluidor, a pessoa física ou jurídica, de direito público ou privado, responsável, direta ou indiretamente, por atividade causadora de degradação ambiental;
V - recursos ambientais: a atmosfera, as águas interiores, superficiais e subterrâneas, os estuários, o mar territorial, o solo, o subsolo, os elementos da biosfera, a fauna e a flora.

As atividades econômicas são classificadas em níveis baixo, médio e alto, segundo o potencial poluidor e utilização de recursos naturais (Brasil, 2000, anexo VIII). A tabela existente no anexo VIII acrescentado pela Lei nº 10.165/2000 apresenta as atividades potencialmente poluidoras e utilizadoras de recursos ambientais (Pp/gu). As classificações "alto", "médio" e" baixo" de potencial poluidor e utilização de recursos naturais representam uma posição hierárquica do setor (categoria do projeto) em relação a sua interferência no território. É um guia para os gestores de projetos, para auxiliar na mensuração de seus impactos ambientais.

O desafio imposto ao projeto é incorporar e avaliar os impactos ambientais com decorrência social, uma vez que nem todas as situações são quantificáveis e, menos ainda, monetizáveis. Além disso, são situações carregadas de subjetividade, ímpares, o que limita a duplicação das propostas em vários projetos. Outro aspecto é que alguns desses impactos, muitas vezes, demoram a se demonstrar e superam o horizonte temporal e o escopo central dos projetos. De toda sorte, essa dificuldade não exclui a correção do ato, e os elaboradores devem se empenhar nesse esforço; caso não o façam, os projetos podem ser questionados e, até mesmo, desqualificados pelos *stakeholders*, dificultando a formação de parcerias técnicas e financeiras. Esse é o novo *drive* para os projetistas.

Neste momento do livro, abordamos as questões e os condicionantes relacionados à sustentabilidade, que de maneira intensa, significativa em alguns, e obrigatória em outros projetos, devem ser consideradas pelo leitor interessado na AVP de projetos dessa natureza ou com essa interface. Na próxima seção, abordaremos os desafios de considerar elementos intangíveis, imateriais e subjetivos nas análises de projetos sociais.

Os aspectos discutidos anteriormente dizem respeito a projetos cujos comportamentos são objetivos, mensuráveis e monetizáveis. Porém, nem sempre é assim, pois elementos intangíveis devem ser incluídos na análise. Vejamos a seguir, leitor.

Características da AVP dos projetos sociais

Na medida em que a sociedade se posiciona como investidora, são colocados à AVP os desafios de considerar elementos intangíveis, imateriais e subjetivos nas análises. Esses elementos, fundamentais à proposta de bem-estar social, nem sempre são perceptíveis ou mensuráveis. Na sua maioria, também não podem ser monetizados, ou seja, não se expressam em valores monetários. Além disso, distribuem-se em espaços e tempos defasados, ocorrendo em ondas de interação que se distribuem no espaço e no tempo, entre gerações de indivíduos. Diante disso, leitor, surge a questão: como se mensurar os impactos sociais dos projetos públicos e/ou privados?

O primeiro aspecto nesse contexto é a identificação dos tipos de impactos sociais que um projeto pode causar, seja ele de origem pública ou privada. E quais seriam tais impactos? De modo geral, são aqueles que refletem as transformações comportamentais do público-alvo e/ou da comunidade a partir da implantação do projeto. Nesse rol, enquadram-se impactos ambientais, demográficos, socioculturais e político-institucionais. Além desses, como parte dos recursos investidos no projeto é monetária, também devem ser considerados na AVP os indicadores econômico-financeiros, refletindo o interesse dos operadores.

No que diz respeito aos projetos públicos, cujos recursos são oriundos de fontes governamentais, os valores investidos são estabelecidos a partir de um orçamento público baseado em planejamentos plurianuais (PPA). Esse composto também afeta a AVP desses projetos, cujas considerações são distintas daquelas de um projeto medido sobre recursos monetários de investimento privado. A figura 15 ilustra esse argumento.

Figura 15
Dinâmica de avaliação de um projeto social

Stephanou, Müller e Carvalho (2003:11) afirmam que projetos sociais são "ações estruturadas e intencionais, de um grupo ou organização social", que partem da reflexão e do diagnóstico sobre uma determinada problemática pública. A elaboração de um projeto implica diagnosticar realidades sociais, contextos sócio-históricos, relações institucionais, grupais e comunitárias. Finalmente, permite "planejar uma intervenção, considerando os limites e as oportunidades para a transformação social". A figura 16 apresenta as considerações inerentes a um projeto social.

Sousa e Pompermayer (s.d.) observam que, geralmente, projetos públicos são de grande vulto, entregues por meio de parcerias público-privadas. Projetos dessa natureza envolvem elevadas incertezas e consideráveis riscos. Por conta disso, têm administração complexa com vistas a gerenciar e integrar diferentes ações, grupos de trabalho e recursos limitados. Nesse contexto, a Lei nº 11.653/2008 (Lei do PPA 2008-2011) estabelece

Figura 16
Aspectos inerentes à elaboração de um projeto social

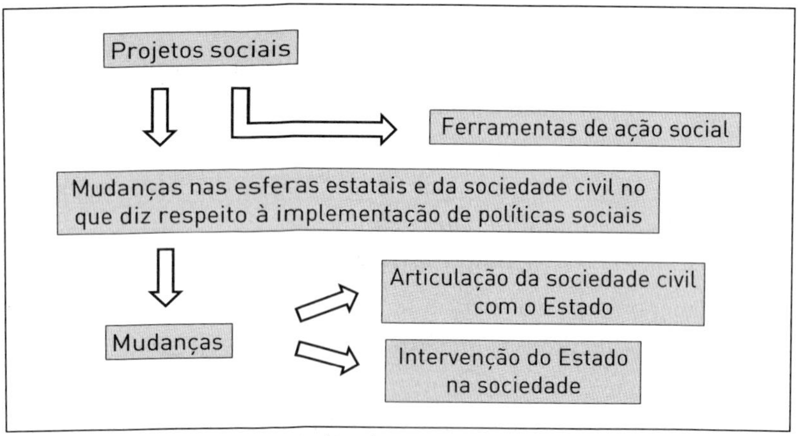

Fonte: Stephanou, Müller e Carvalho (2003).

> Art. 10. Consideram-se, para efeito deste Plano, como Projetos de Grande Vulto, ações orçamentárias do tipo projeto:
> I - financiadas com recursos do orçamento de investimento das estatais, de responsabilidade de empresas de capital aberto ou de suas subsidiárias, cujo valor total estimado seja igual ou superior a cem milhões de reais;
> II - financiadas com recursos dos orçamentos fiscal e da seguridade social, ou com recursos do orçamento das empresas estatais que não se enquadrem no disposto no inciso anterior, cujo valor total estimado seja igual ou superior a vinte milhões de reais.

Segundo DiGam (2015), o tratamento de um projeto social com fim público e isenção tributária deve envolver ampla responsabilidade social das organizações. Para o autor, o processo avaliativo em projetos sociais deve considerar a eficiência, a eficácia e a efetividade, sem desprezar a "replicabilidade". Por eficiência, avalia-se o custo mínimo para o maior número e qualidade de beneficiários. A eficácia é observada a partir do cumprimento dos objetivos e metas preestabelecidos. A efetividade, medida em relação às demandas sociais, analisa a capacidade de o projeto alterar as situações encontradas.

A avaliação de políticas públicas, programas e projetos governamentais tem finalidades bastante precisas:

- estabelecer elementos para julgar e aprovar decisões, ações e seus resultados (*accountability*);
- desenvolver e melhorar estratégias de intervenção na realidade, ou seja, a avaliação tem de ser capaz de propor algo a respeito da política que está sendo avaliada; e,
- propiciar empoderamento, promoção social e desenvolvimento institucional, significando que a avaliação deve ser capaz de abrir espaço para a democratização da atividade pública, para a incorporação de grupos sociais excluídos e para o aprendizado institucional e fortalecimento das instituições envolvidas.

Barreto e Távora Júnior (1999) assinalam que o método de análise custo-benefício é o que cumpre melhor as exigências de suporte à decisão governamental, atribuindo valor social a todos os efeitos de um determinado projeto. Os autores lembram, ainda, que métodos que levem em conta as externalidades do projeto – efeitos externos, não intencionais – devem fazer parte da avaliação dos projetos públicos. Nesse contexto, são contemplados impactos antropológicos, socioeconômicos e ambientais. O desafio, caro leitor, é identificar uma unidade de medida padrão para mensurar essas externalidades, muitas vezes de caráter subjetivo. Segundo os autores, a análise dos benefícios e custos de um projeto público baseia-se nas técnicas de avaliação social de projetos (ASP), que considera os preços-sombra para os parâmetros (preço social do trabalho, preço social da terra, taxa social de desconto, taxa social de câmbio etc.). Já a valoração econômica dos impactos ambientais pode ser realizada por várias metodologias, tais como: avaliação contingente, preços hedônicos, custos de viagem, preços de reconstrução etc.; deve-se usar a que mais se ajuste ao caso em estudo. Porém, Barreto e Távora Júnior (1999) alertam que mesmo esses métodos utilizados na análise de projetos públicos não são suficientes para se avaliar com precisão todos os efeitos econômicos, sociais, ambientais e garantir o alcance do seu principal objetivo, que é a melhoria do bem-estar social. O último alerta dos autores é que, diante da escassez que a sociedade enfrenta, é preferível tomar decisões a partir das informações oriundas de procedimentos racionais e de técnicas de valor, embora não infalíveis.

De maneira mais aplicada, a Olhar Cidadão Estratégias para o Desenvolvimento Humano (s.d.), empresa de consultoria especializada em responsabilidade social, sugere a seguinte estrutura de avaliação:

- Resultado primário: indicadores que possibilitam avaliar o objetivo central do projeto.
- Resultados de processo: indicadores que revelam a eficiência dos instrumentos de execução do projeto, com impacto direto no resultado primário.
- Resultados sociais indiretos: indicadores que reflitam possíveis ganhos sociais indiretos, com potencial transformador, mas não necessariamente vinculado ao resultado primário.
- Indicadores de sustentabilidade: indicadores que sinalizem o nível de independência do projeto em relação aos seus gestores e/ou patrocinadores.

Ainda segundo a Olhar Cidadão (s.d.), os resultados que o autor espera alcançar utilizando essa metodologia para avaliação de projetos sociais são:

- alinhamento dos investimentos com a estratégia definida;
- comparação de investimentos dentro de uma mesma área temática;
- identificação de pontos fortes e pontos fracos para evolução dos projetos;
- orientação para as organizações apoiadas com diretrizes consistentes;
- suporte às decisões internas de continuidade ou não dos investimentos;
- identificação e orientação para sistematização das melhores práticas;
- sustentação da comunicação dos investimentos realizados.

Fernandes e Lago (s.d.) enfatizam que a metodologia de avaliação de projetos exige um conjunto de critérios e respectivos indicadores que permitam efetuar um julgamento continuado e eficaz, comparável aos padrões de desempenho anteriormente estabelecidos. No caso de projetos de amplitude social, os indicadores de resultado devem refletir os níveis de satisfação de necessidades básicas alcançadas, por exemplo, aqueles que compõem o índice de desenvolvimento humano (IDH). Além desses, devem espelhar os indicadores de insumo, que se referem aos meios (recursos) disponíveis para obter um determinado padrão de vida. E também, segundo os autores, os indicadores de acesso, cujo papel é identificar os determinantes da utilização de recursos disponíveis para atender a determinadas necessidades básicas. De modo geral, indicam três dimensões de avaliação:

1) "Avaliação de metas (realização de produção ou produtos): [...] consiste em avaliar a quantidade de metas do projeto que foram ou não alcançadas. Só pode ocorrer na finalização do projeto. Ex.: número de leitos hospitalares criados." As

limitações ficam por conta da necessidade de metas precisas, lembrando que elas podem ser alteradas no decorrer de um projeto ou ser múltiplas.

2) "Avaliação de impacto (alcance do propósito ou missão): [...] procura avaliar os efeitos de um programa sobre seu público-alvo e em que medidas essas mudanças caminharam para o resultado desejado." Nesse caso, as limitações dizem respeito a analisar a efetividade de um programa e recorrer a mecanismos de análise de relações de causas com os resultados obtidos. Igualmente, essa avaliação só pode ser realizada na finalização do projeto; e,
3) "Avaliação de processos (baseada em uma avaliação formativa): [...] consiste em realizar uma avaliação sistêmica do projeto, [ou seja sua cobertura] durante o desenvolvimento." Desta feita, deve acompanhar os processos internos e estabelecer o grau em que o projeto alcança a população beneficiária.

De acordo com Stephanou, Müller e Carvalho (2003:85) a avaliação "deve ser compreendida como uma parte do processo de construção do projeto, e não uma tarefa a ser feita necessariamente em separado". As diversas possibilidades de avaliação operam sobretudo nos objetivos gerais e nos impactos de longo prazo que esse projeto pode produzir na população.

Finalmente, Fernandes e Lago (s.d.) ressaltam que o método avaliativo permite que o projeto receba mudanças ao longo de seu decorrer, possibilitando ajustes necessários e aumentando as chances de alcance dos resultados esperados. Para os autores, caro leitor, esse é ainda um processo que considera os atingidos pelo projeto como partes da avaliação.

A figura 17 apresenta o fluxo de avaliação a ser seguido na análise de projetos sociais.

Figura 17
Fluxo de avaliação de projetos sociais

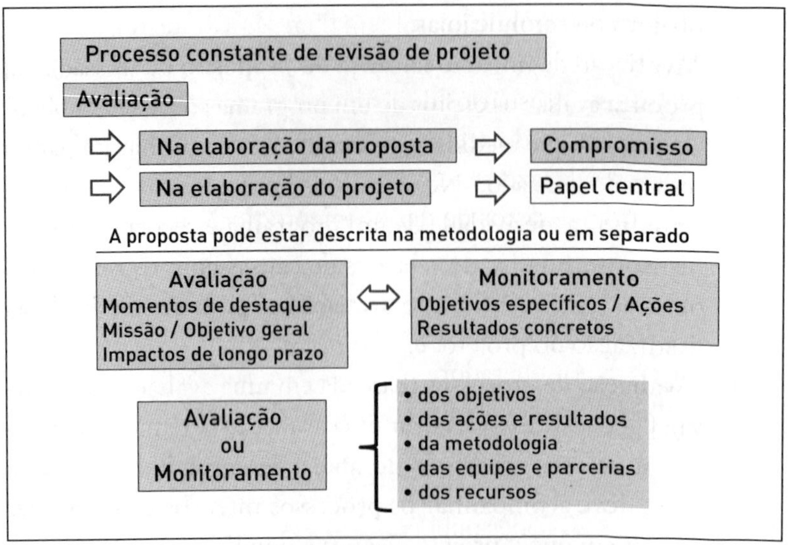

Fonte: Stephanou, Müller e Carvalho (2003:84).

Dessa discussão, pode-se depreender que os indicadores para avaliação devem ter relação com as cidades, com os usuários e beneficiários dos sistemas públicos, com os operadores desses sistemas e com o próprio poder público. Essa construção pode ser exemplificada tomando-se um projeto de transporte público, como demonstrado a seguir.

Exemplo de indicadores de projeto social

Indicadores que devem ser considerados num projeto de transporte público.

1) relativos às cidades:
   a) capilaridade e integração do sistema de transporte da população;

   b) segurança patrimonial, operacional e populacional do transporte;
   c) carga de poluição ambiental (ar, água e terra), sonora e visual;
2) relativos aos usuários do sistema de transporte:
   a) facilitação do acesso aos locais de trabalho, estudo, comércio e lazer;
   b) tempo e gastos de deslocamento por integração multimodal;
   c) satisfação pessoal com o atendimento estrutural e operacional do/no transporte utilizado;
3) relativos aos operadores do sistema:
   a) prazo de recuperação do investimento;
   b) valor presente líquido;
   c) taxa interna de retorno;
4) relativos ao poder público:
   a) gastos com tratamentos e indenizações por acidentes de trânsito;
   b) atendimento e satisfação social do/no transporte público;
   c) apoio político aos projetos de/do governo

Esses aspectos são fundamentais para a avaliação adequada de projetos de impactos sociais, como demonstra o exemplo a seguir.

Exemplos de projetos sociais com parcerias público-privadas

Muitos projetos de alcance social são elaborados e desenvolvidos em regime de parcerias público-privadas. Nesse caso, combinam-se a capacidade de investimento estrutural do governo e a competência gestora da iniciativa privada. Nesse âmbito, a análise contempla os interesses da sociedade e dos empreendedores. Alguns exemplos desses projetos são oferecidos por Brasil (2014).

Projetos federais

Centro de Educação Física Almirante Adalberto Nunes (Cefan)
Breve descrição: implantação de infraestrutura, operação e manutenção do complexo esportivo do Centro de Educação Física Almirante Adalberto Nunes (Cefan) no Rio de Janeiro.

Parques nacionais de Jericoacoara, Serra das Confusões, Sete Cidades e Ubajara
Breve descrição: gestão e manutenção dos parques nacionais de Jericoacoara e de Ubajara, no estado do Ceará, e de Sete Cidades e Serra das Confusões, no estado do Piauí.

Pontal de irrigação
Breve descrição: obras na infraestrutura de irrigação e desenvolvimento agrícola, com integração de pequenos agricultores, no perímetro Pontal, em Petrolina (PE). A região conta com aproximadamente 33 mil hectares, dos quais 7,7 mil são irrigáveis.

Ferrovia Norte-Sul
Breve descrição: construção e operação do trecho norte da ferrovia Norte-Sul (entre Açailândia e Palmas, no estado do Tocantins).

Projetos de entes subnacionais

Metrô de Salvador
Breve descrição: implantação e operação do sistema metroviário de Salvador e Lauro de Freitas.
Estágio: contrato em operação.
Poder concedente: estado da Bahia.

Metrô de Curitiba
Breve descrição: implantação e operação do serviço público de transporte coletivo metroviário da cidade de Curitiba.
Estágio: consulta pública.
Poder concedente: prefeitura de Curitiba.

Metrô de Porto Alegre
Breve descrição: implantação e operação do metrô de Porto Alegre.
Estágio: análise dos estudos da PMI.
Poder concedente: estado do Rio Grande do Sul e prefeitura de Porto Alegre.

VLT do Rio de Janeiro
Breve descrição: implantação, operação e manutenção de sistema de transporte de passageiros através de veículos leves sobre trilhos (VLT) na região portuária e central do Rio de Janeiro.
Estágio: contrato em operação.
Poder concedente: prefeitura do Rio de Janeiro.

Vale notar que, segundo o Ministério da Economia, Planejamento, Desenvolvimento e Gestão (Brasil, 2014), alguns dos projetos foram descontinuados ou estão em fase de reformulação. A despeito disso, os projetos relacionados têm por objetivo geral entregar benefícios à população e, por isso, não podem ser simplesmente analisados segundo um critério estritamente financeiro. É claro que a disponibilidade financeira para a execução é premissa incontestável dos projetos.

Ainda nesse contexto, é importante citar os esforços do Banco Nacional de Desenvolvimento Econômico e Social (BNDES) no sentido de fomentar projetos sociais. A partir de projetos que levam em conta aspectos socioeconômicos, o banco procura apoiar projetos que promovam o crescimento e o desenvolvimento da sociedade brasileira. Para isso, o BNDES utiliza o Fundo Social constituído com uma parcela dos lucros anuais da instituição. Esse fundo tem por finalidade apoiar investimentos de caráter social nas áreas de inclusão produtiva, serviços urbanos, saúde, educação, desportos, justiça, meio ambiente e outras vinculadas ao desenvolvimento regional e social (BNDES, 2019).

Neste capítulo, leitor, a ênfase na AVP dos projetos público-privados de alcance socioambiental revelou que o desafio é mensurar os efeitos proporcionados pelo projeto em questões intangíveis e não monetárias sobre as comunidades-alvo. Diante disso, os indicadores devem ser qualitativos (de percepção sensorial) ou quantitativos (numéricos e pragmáticos). O contexto apresentado mostrou que os indicadores para avaliação devem ter relação com as cidades, com os usuários e beneficiários dos sistemas públicos, com os operadores desses sistemas e com o próprio poder público.

Prezado leitor, diante dos argumentos apresentados nos capítulos até aqui desenvolvidos, oferecemos, em seguida, algumas conclusões sobre os aspectos relevantes da AVP tratados ao longo deste livro.

Conclusões

A análise de viabilidade é o momento definitivo da elaboração de projetos. Seu objetivo é respaldar o tomador de decisão sobre a continuidade do projeto. A partir dela, há a possibilidade de implantar ou não a proposta de investimento.

A simulação na AVP representa o resultado dos comportamentos contratados junto aos atores envolvidos no projeto ao longo do tempo. Assim, a percepção sobre eles e o conhecimento das técnicas de análise são fundamentais.

Diante disso, procuramos reunir os aspectos básicos relacionados à AVP e oferecer ao leitor uma visão geral sobre o processo analítico. Também tivemos a intenção de detalhar os procedimentos que geram os resultados e suportam a tomada de decisão.

De forma geral, observamos que o processo de análise de viabilidade de projetos exige elevado nível de detalhamento. Assim, o analista deve estar tecnicamente preparado para captar as informações que emanam dos indicadores de mérito. O evento desafiador nesse contexto é considerar os aspectos intangíveis associados ao projeto, especialmente aqueles relacionados à sustentabilidade transgeracional.

Com abordagem ampla e sistêmica, esperamos que o leitor desenvolva habilidades técnicas e esteja capacitado a envolver-se com a AVP em todos os seus aspectos objetivos e subjetivos, tangíveis e intangíveis, materiais e imateriais. Esperamos, também, que tenha apreciado a leitura.

Referências

ATKINSON, R. Project management: cost, time and quality, two best guesses and a phenomenon, its time to accept other success criteria. *International Journal of Project Management*, v. 17, n. 6, p. 337-342, dez. 1999. Disponível em: <www.sciencedirect.com/science/article/abs/pii/S0263786398000696>. Acesso em: abr. 2019.

AZEVEDO, B. B.; ALMEIDA, R. P.; SILVA. V. V. M. Aplicação do método árvore de decisão para apreciação de alternativas de investimento. In: ENCONTRO NACIONAL DE ENGENHARIA DE PRODUCAO, XXXIII., 2013, Salvador, BA: A gestão dos processos de produção e as parcerias globais para o desenvolvimento sustentável dos sistemas produtivos. *Anais*... Salvador, BA: Abepro: 2013. Disponível em: <www.abepro.org.br/biblioteca/enegep2013_TN_STO_179_020_21874.pdf>. Acesso em: abr. 2019.

BANCO NACIONAL DE DESENVOLVIMENTO ECONÔMICO E SOCIAL (BNDES). *Fundo Social*. Braspilia: BNDES, 2019. Disponível em: <www.bndes.gov.br/wps/portal/site/home/financiamento/produto/bndes-fundo-social>. Acesso em: abr. 2019.

BARBOSA, G. M. Análise de investimento e decisão de projeto. *Pensamento e Realidade*, v. 17, 2005. Disponível em: <https://revistas.pucsp.br/pensamentorealidade/article/view/8415/6233>. Acesso em: abr. 2019.

BARRETO, L. R.; TÁVORA JUNIOR, J. L. Avaliação de projetos públicos e impactos ambientais: um resumo metodológico. In: Encontro Nacional da Sociedade Brasileira de Economia Ecológica, III., 1999, Recife, PE. *Anais*... Uberlândia, MG: EcoEco, 1999. p. 110-120. Disponível em: <www.race.nuca.ie.ufrj.br/eco/trabalhos/comu2/3.doc>. Acesso em: 25 mar. 2019.

BORDEAUX-RÊGO, R. et al. *Viabilidade econômico-financeira de projetos*. 2ª ed. Rio de Janeiro: FGV Ed., 2008. 164 p.

BRASIL. Lei nº 6.938, de 31 de agosto de 1981. Dispõe sobre a Política Nacional do Meio Ambiente, seus fins e mecanismos de formulação e aplicação, e dá outras providências. *Diário Oficial [da] República Federativa do Brasil*, Brasília, 2 set. 1981.

_____. Decreto nº 3.088, de 21 de junho de 1999. Estabelece a sistemática de "metas para a inflação" como diretriz para fixação do regime de política monetária e dá outras providências. Ambiente, seus fins e mecanismos de formulação e aplicação, e dá outras providências. *Diário Oficial [da] República Federativa do Brasil*, Brasília, 22 jun. 1999.

_____. Lei nº 10.165, de 27 de dezembro de 2000. Altera a Lei nº 6.938, de 31 de agosto de 1981, que dispõe sobre a Política Nacional do Meio Ambiente, seus fins e mecanismos de formulação e aplicação, e dá outras providências. *Diário Oficial [da] República Federativa do Brasil*, Brasília, 28 dez. 2000.

_____. Ministério da Economia, Planejamento, Desenvolvimento e Gestão. *Manual de apresentação de estudos de viabilidade de projetos de grande vulto*. Brasília: Ministério da Economia, jul. 2009. Disponível em: <https://docplayer.com.br/148027-Manual-de--apresentacao-de-estudos-de-viabilidade-de-projetos-de-grande--vulto-versao-2-0.html>. Acesso em: 25 mar. 2019.

_____. Ministério da Economia, Planejamento, Desenvolvimento e Gestão. *Parcerias Público-privadas*. Brasília: Ministério da Economia, 7 jan. 2014. Disponível em: <www.planejamento.

gov.br/assuntos/desenvolvimento/parcerias-publico-privadas>. Acesso em: abr. 2019.

COHEN, D. J.; GRAHAN, R. J. Tomada de decisões em negócios: para líderes de projetos. *Revista Mundo PM*, Rio de Janeiro, n. 5, p. 42-46, out./nov. 2005.

COMISSÃO MUNDIAL SOBRE O MEIO AMBIENTE E DESENVOLVIMENTO. *Nosso futuro comum*. 2ª ed. Rio de Janeiro: FGV Ed., 1991.

CORREIA NETO, J. F. *Elaboração e avaliação de projetos de investimentos*. Rio de Janeiro: Elsevier, 2009. 266 p.

DALY, H. E. *Beyond growth*. Boston: Beacon Press Books, 1996.

DIGAM, A. *Avaliação de projetos sociais*. São Paulo: NEATS PUC, 2015. Disponível em: <www.pucsp.br/neats/dowload/avaliacao-de-projetos-sociais.pdf?v=9p-4iEvzUS4>. Acesso em: abr. 2019.

ELKINGTON, J. *Cannibals with forks*: the triple botton line of 21st century business. Oxford: Capstone Publishing, 1997.

FALKNER, W. *Das papiergeld der französischen revolution*. Leipzig: Duncker & Humblot, 1924. p. 85.

FERNANDES, E.; LAGO, C. *Avaliação de projetos*. [S.l.]: [S.d.]. Disponível em: <https://edisciplinas.usp.br/pluginfile.php/2237022/mod_resource/content/1/Avalia%C3%A7%C3%A3o%20de%20projetos%20-%20AACC%20IV.pdf>. Acesso em: 2 abr. 2019.

FREEMAN, R. E.; REED, D. L. Stockholders and stakeholders: a new perspective on corporate governance. *California Management Review*, v. 25, p. 88-106, 1984.

GONÇALVES, A. C. P. et al. *Economia aplicada*. Rio de Janeiro: FGV Ed., 2008.

HORNGREN, C. T. *Introdução à contabilidade gerencial*. 5ª ed. Rio de Janeiro: Prentice-Hall do Brasil, 1985.

INSTITUTO BRASILEIRO DE GOVERNANÇA CORPORATIVA (IBGC). *Monitoramento de desempenho empresarial*. Coord. Fabio Cornibert; Jorge R. Manoel; Oscar Malvessi. São Paulo, SP: IBGC, 2017.

LUSTOSA, P. R. B.; PONTE, V. M. R.; DOMINAS, W. R. Simulação. In: CORRAR, L. J.; THEOFILO, C. R.; BERGMANN, D. R. *Pesquisa operacional para decisões em contabilidade e administração*: contabilometria. São Paulo: Atlas, 2004.

MORANDI, L.; REIS, E. J. Estoque de capital fixo no Brasil – 1950-2002. In: ENCONTRO NACIONAL DE ECONOMIA, 32., 2004, João Pessoa, PB. *Anais*... João Pessoa: Anpec, 2004.

NORO, G. B. Tomada de decisão em gestão de projetos: um estudo realizado no setor de construção civil. *GEPROS: Gestão da Produção, Operações e Sistemas*, ano 7, n. 4, p. 71-83, out./dez. 2012. Disponível em: <https://revista.feb.unesp.br/index.php/gepros/article/download/395/464>. Acesso em: abr. 2019.

OLHAR CIDADÃO ESTRATÉGIAS PARA O DESENVOLVIMENTO HUMANO. *Metodologia de avaliação de projetos sociais*. [S.l.]: [s.d.]. Disponível em: <http://olharcidadao.com.br/metodologia-de-avaliacao-de--projetos-sociais/>. Acesso em: 24 mar. 2019.

OREIRO, J. L; PAULA, L. F. A escolha de Sofia. *Valor Econômico*, 24 jun. 2011.

PRATES, W. R. *O que é TIRM (taxa de retorno modificada)*. [S.l.], 2017. Disponível em: <www.wrprates.com/o-que-e-tirm-taxa-interna--de-retorno-modificada/#comments>. Acesso em: 25 ago. 2019.

PRINCIPLES FOR RESPONSIBLE INVESTMENT (PRI). *Signatories to the Principles for Responsible Investment*. PRI, 2019. Disponível em: <www.unpri.org/annual-report-2019/2018/19-in-numbers>. Acesso em: 17 fev. 2019.

SOUSA, R. P.; POMPERMAYER, F. M. *Elaboração, avaliação e seleção de projetos no setor de infraestrutura*. [S.l.]: Ipea [S.d.]. Disponível em: <http://repositorio.ipea.gov.br/bitstream/11058/8551/1/Elabora%C3%A7%C3%A3o.pdf>. Acesso em: 10 mar. 2019.

STEPHANOU, L.; MÜLLER, L. H.; CARVALHO, I. C. M. *Guia para elaboração de projetos sociais*. 2ª ed. São Leopoldo: Sinodal, 2003. Disponível em <https://aplicacoes.mds.gov.br/sagirmps/ferra-

mentas/docs/guia-para-elaboracao-de-projetos-sociais.pdf>. Acesso em: abr. 2019.

UNITED NATION (ONU). System of Environmental Economic Accounting (SEEA). *Handbook of national accounting*: integrated environmental and economic accounting. Nova York: SEEA, 2003. Disponível em: <http://unstats.un.org/unsd/envaccounting/seea.asp>. Acesso em: 17 jan. 2019.

UNITED NATION ENVIRONMENTAL PROGRAM (UNEP). *Finance initiative innovative financing sustainability.* [S.l.]: UNEP 2008. PRI Report on Progress.

VAN HORNE, J. C. *Financial market rate and flow.* 5ª ed. River, NJ: Prentice-Hall, 1998.

Glossário

Beta (β) – Indicador de risco sistemático (não diversificável) de um projeto. Medida que relaciona a sensibilidade de um projeto dentro de um portfólio. Além de correlacionar o projeto dentro de um portfólio, o beta também permite identificar a direção em que a rentabilidade do projeto varia frente a alterações de um índice do mercado.

Capital de terceiros – É o passivo, obrigações ou dívidas usadas para financiar o projeto ou a empresa e decorrente dos recursos de terceiros.

Capitalização – É a forma pela qual o juro é aplicado ou acumulado no capital. Termo utilizado em economia para relacionar as formas de juntar valores, de forma simples, composta ou infinitesimal.

Capital próprio – É a riqueza líquida à disposição dos proprietários. É a soma do capital social, suas variações, os lucros e as reservas, ou seja, é o capital que se originou da própria atividade econômica da empresa, como lucros, reservas de capital e reservas de lucros. Seu custo é determinado pelo modelo CAPM.

CMPC/WACC (custo médio ponderado de capital/*weighted average cost of capital*) – É uma medida do custo (%) de *funding* de um projeto. Os projetos têm duas fontes de recursos: dinheiro dos acionistas proprietários e/ou recursos de dívidas sobre os quais incide pagamento de juros e encargos. O CMPC/WACC calcula a média desses custos, ponderada pelo montante e pesos de cada fator na estrutura de capital do projeto.

Custo de oportunidade – Termo de cunho econômico que indica o custo (não contábil) de uma decisão ou de uma oportunidade renunciada.

Depreciação – É a perda de valor de um bem decorrente de seu uso, do desgaste natural ou de sua obsolescência tecnológica. Nos projetos empresariais, essa depreciação é registrada como um percentual do valor contábil do bem, descontado ao longo do tempo de acordo com sua expectativa de vida útil. A contabilização da depreciação do ativo do projeto é importante também para fins tributários, sobretudo por ter impacto direto no cálculo dos impostos. A depreciação depende do desgaste que o bem sofre com o uso. Por exemplo, as correias transportadoras e de transmissão feitas de borracha, que precisam ser trocadas com alguma frequência, têm taxas de depreciação anual de 50%. A tabela completa está nos anexos da Instrução Normativa SRF nº 1.700, de 14 de março de 2017.

Focus-Relatório de Mercado – Resume as estatísticas calculadas considerando as expectativas de mercado coletadas até a sexta-feira anterior à sua divulgação, toda segunda-feira. O relatório traz a evolução gráfica e o comportamento semanal das previsões para índices de preços, atividade econômica, câmbio, taxa Selic, entre outros indicadores. As previsões são do mercado e não do Banco Central.

Funding – Termo de origem inglesa que em finanças designa consolidar. Refere-se à obtenção de recursos para a realização de um projeto. Há duas principais formas de *funding* – capital próprio e capital de terceiros.

IGP-DI (índice geral de preços – disponibilidade interna) – É uma das versões do índice geral de preços (IGP) medido pela Fundação Getulio Vargas (FGV). Registra a inflação de preços desde matérias-primas agrícolas e industriais até bens e serviços finais de 1 a 30 ou 31 de cada mês.

Inflação – É o aumento dos preços de bens e serviços medido por índices de preços. O Brasil tem vários índices de preços, sendo os principais a série IGP da FGV e o IPCA do IBGE, este o índice utilizado no sistema de metas para a inflação pelo Banco Central.

IPCA (índice de preços ao consumidor amplo) – É o índice que mede a variação de preços de mercado para o consumidor final pelo IBGE, mensalmente. Calculado desde 1979, é utilizado pelo Banco Central para monitorar a inflação.

Investimento – Aplicação de recursos ou capital mediante a expectativa de retorno futuro. O retorno futuro se realiza quando a taxa de ganho sobre o capital investido supera ou até se iguala à taxa Selic (sem riscos) mais um prêmio pelo risco incorrido no projeto.

Juro – Valor cobrado pelo empréstimo de dinheiro (ou outro recurso) expresso em percentual (%). Pode ser calculado de três formas: simples, composto ou infinitesimal. Representa também o aluguel do dinheiro. Há juros nominais, reais e efetivos nas aplicações que envolvem projetos.

Modelo CAPM (*capital asset pricing model*) – Método que objetiva avaliar a relação entre o risco (β) e o retorno esperado de um projeto, ou seja, calcula o equilíbrio entre o risco incorrido e a rentabilidade. Criado por Jack Treynor, William Forsyth Sharpe, John Lintner e Jan Mossin, ancorado no trabalho de Harry Markowitz sobre diversificação e teoria moderna de portfólio.

Payback – É o tempo de recuperação do capital investido em um projeto. Termo em inglês *payback period*, em que os retornos acumulados se igualam aos valores investidos no projeto.

PIB (produto interno bruto) – Soma (em valores monetários) de todos os bens e serviços finais produzidos numa determinada região (país, estado ou cidade), durante um período determinado (mês, trimestre, ano etc.). O PIB é um dos indicadores mais utilizados na economia com o objetivo de mensurar a atividade econômica.

PMBOK® (*Project Management Body of Knowledge*) – Conjunto de práticas na gestão de projetos, organizado pelo instituto Project Management Institute (PMI), considerado a base do conhecimento sobre gestão de projetos por profissionais da área.

PNMA (Política Nacional do Meio Ambiente) – Estabelecida pela Lei nº 10.165, que alterou a Lei no 6.938/1981, tem como objetivo a preservação, melhoria e recuperação da qualidade ambiental propícia à vida, visando assegurar, no país, condições ao desenvolvimento socioeconômico, aos interesses da segurança nacional e à proteção da dignidade da vida humana, atendidos os princípios estabelecidos.

PRI (Princípios do Investimento Responsável) – Desenvolvido pela ONU, é um filtro socioambiental para auxiliar os investidores a decidir por projetos comprometidos com o meio ambiente.

Projeto – Empreendimento colaborativo, estruturado e desenvolvido com metodologia específica (Guia PMBOK® por exemplo), planejado e executado para alcançar objetivos específicos.

Regime de caixa – Regime gerencial em que os recebimentos e os pagamentos são reconhecidos quando se recebe ou se paga mediante dinheiro ou recurso equivalente. O regime de caixa é a base para avaliação e decisões de natureza econômico-financeira em projetos.

Regime de competência – É um princípio contábil que representa alteração patrimonial no projeto. No regime de competência os efeitos financeiros das transações e eventos no projeto são reconhecidos nos períodos nos quais ocorrem, independentemente de terem sido recebidos ou pagos.

Risco – Efeito da incerteza nos projetos. Há várias definições de riscos: oportunidades e ameaças ou perigos, probabilidade ou possibilidade de que alguma coisa ocorra fora dos objetivos, volatilidade ou instabilidade dos retornos de um projeto mensurado pelo indicador beta (β).

SAC (sistema de amortização constante) – Método usado em amortizações de empréstimos em que o saldo devedor é reembolsado pelo devedor em valores iguais. O valor das prestações é decrescente, já que os juros diminuem a cada prestação. É muito usado em financiamentos imobiliários.

SICEA (sistema integrado de contas econômicas ambientais) – Desenvolvido pela ONU, objetiva compatibilizar as contas ambientais com as demais contas utilizadas para cálculo do PIB. Seus objetivos são: identificar os movimentos econômicos que utilizam recursos naturais da biosfera por meio de movimentação financeira; relacionar as variáveis ambientais, expressas em unidades físicas, com as variáveis da economia, expressas em dinheiro; e apresentar novos indicadores de produto e riqueza que contabilizem as perdas resultantes da degradação e exploração de recursos naturais.

Sistemas de amortização – São o processo de saldar uma dívida por meio de pagamentos periódicos. Os sistemas mais usados são Price, SAC e sistema americano.

Stakeholder – Termo da língua inglesa que significa "grupo de interesse". São pessoas físicas ou jurídicas que possuem algum tipo de interesse e/ou podem interferir positiva ou negativamente no projeto.

Tabela Price – Também chamado de sistema francês de amortização, é um método usado em amortização de empréstimo com prestações iguais. Criado em 1771 por Richard Price para uso em pensões e aposentadorias. A partir da Revolução Industrial, passou a ser usado em cálculos de amortização de empréstimos.

Taxa nominal – É a taxa de juro expressa em percentual (%) que representa a valorização (ou desvalorização) de certo investimento num projeto em determinado período.

Taxa Selic – Taxa de juro nominal que representa a média dos rendimentos pagos pelos títulos do Tesouro do governo federal. É um investimento livre de riscos e impacta todos os projetos com riscos porque representa o custo de oportunidade básico do capital do investidor.

TIR (taxa interna de retorno) – Taxa de juro (nominal, real ou efetiva) que representa o juro (%) embutido no fluxo de caixa (regime de caixa) de um projeto. É a taxa que faz com que os valores dos investimentos, trazidos ao valor presente, sejam iguais aos valores dos retornos futuros dos investimentos, também trazidos ao valor presente. A TIR foi proposta por John Maynard Keynes para classificar os projetos.

TJLP/TLP (taxa de juro de longo prazo/taxa de longo prazo) – A TJLP era a taxa básica praticada nos empréstimos pelo BNDES. Era calculada com base em dois parâmetros: uma meta de inflação calculada “pro rata” para os 12 meses seguintes ao primeiro mês de vigência da taxa, inclusive, baseada nas metas anuais fixadas pelo Conselho Monetário Nacional; e um prêmio de risco. A TLP foi instituída pela Lei nº 13.483/2017 e entrou em vigor em 1º de janeiro de 2018, substituindo gradualmente a TJLP. Ela traz mais transparência para a sociedade sobre os projetos subsidiados pelos financiamentos dos bancos públicos custeados pelos contribuintes.

TMA (taxa mínima de atratividade) – É uma taxa de juro que representa o mínimo que um investidor se propõe a ganhar quando faz investimento em um projeto, considerando o risco envolvido.

VPL (valor presente líquido) – É o valor presente expresso em moeda ($) dos retornos futuros esperados descontados pelo CMPC ou WACC, menos os investimentos realizados em um determinado projeto.

Os autores

Alivinio Almeida
Doutor em economia aplicada pela Universidade de São Paulo. Professor efetivo na Universidade Federal do Tocantins e professor convidado para atuar nos MBA da FGV Management. É mentor empresarial em desenvolvimento de negócios. Pesquisador autor de artigos e livros sobre economia, empreendedorismo e modelagem de negócios.

Carlos Alberto Di Agustini
Doutor em engenharia de produção e mestre em administração pela Pontifícia Universidade Católica de São Paulo (PUC-SP) e pós-graduado em finanças pela New York University (Stern) e University of California (UCLA). Foi CEO de empresa financeira da Volkswagen, diretor do Banco Itaú e do Banco Caterpillar. É autor de diversos livros na área de finanças, professor da FGV e atua como membro de Conselho de Administração.

Este livro foi impresso nas oficinas gráficas da Editora Vozes Ltda.,
Rua Frei Luís, 100 – Petrópolis, RJ.